主角模式

樊登 著

机械工业出版社
CHINA MACHINE PRESS

图书在版编目（CIP）数据

主角模式 / 樊登著. -- 北京：机械工业出版社，2025. 6. -- ISBN 978-7-111-78717-4

Ⅰ. C933

中国国家版本馆 CIP 数据核字第 2025KU3817 号

机械工业出版社（北京市百万庄大街 22 号　邮政编码 100037）
策划编辑：吴雨靖　　　　　　　　责任编辑：吴雨靖
责任校对：颜梦璐　杨　霞　景　飞　责任印制：常天培
北京联兴盛业印刷股份有限公司印刷
2025 年 7 月第 1 版第 1 次印刷
147mm×210mm・8.25 印张・2 插页・109 千字
标准书号：ISBN 978-7-111-78717-4
定价：72.00 元

电话服务	网络服务
客服电话：010-88361066	机 工 官 网：www.cmpbook.com
010-88379833	机 工 官 博：weibo.com/cmp1952
010-68326294	金 书 网：www.golden-book.com
封底无防伪标均为盗版	机工教育服务网：www.cmpedu.com

PREFACE
前言

领导力是什么？这是一个看似简单实际上却很深奥的问题。有人会说，领导力是团队的执行力；有人认为，领导力是影响力；还有人觉得，领导力是一种思维方式，比如，爱因斯坦用科学的思维方式带领团队取得卓越的成就，就是领导力的体现。

我的理解有所不同。经过多年的学习和实践，我逐渐意识到，领导力的核心在于成长——不仅是自己的成长，更是帮助他人成长。所以，我更愿意将领导力理解为一门让自己和他人成长的学问。

这门学问非常高深，越是深入学习，我越发现自己懂得太少。年轻时，我总觉得自己无所不知，敢于对任何事情下定义、下结论，认为只要掌握了某些工具或方法，就能拥有领导力，轻松获得成功。但随着阅历的增长，我渐渐明白，领导力的背后是复杂的脑科学、社会心理学以及各种层出不穷的原理、规律，远远不是简单的工具或技巧所能概括的。

所以，在本书中，让我们抛开方法论和技巧，回归本质：领导力是一门让自己和他人成长的学问。现在，你的心中可能会有一个疑惑：成长和领导力有什么关系？

其实，成长不仅是个人发展的核心，也是组织成功的关键。一个公司能赚到什么钱？有人说是认知的钱，有人说是信息差的钱，甚至有人开玩笑说是"别人的钱"。但事实上，一个公司真正能赚到的是员工成长的红利。

公司的规模能做多大，在很大程度上取决于员工的成长速度和质量。如果一家公司仅仅依靠老板的聪明才智或信息差来赢利，它的发展注定是有限的。真正能够做大做强的公司，是因为它的员工在不断成长，从一个人到十个人，再到一百个人，每个人都变得越来越强大，越来越"能打"。这才是公司真正的竞争力。

所以，成长是领导力的终极目标，也是本书讨论的核心主题。在本书中，我们从多个角度展开对领导力的探讨，抽丝剥茧、层层递进地揭示领导力的核心逻辑与实践路径。

第 1 章，我们先深入分析为什么成长如此困难，是什么阻碍了个人和团队的进步。从"噪声与信号"到"普通人悖论"，那些隐藏在成长道路上的障碍被清晰地展现出来。

第 2 章，我们探讨为什么要通过成长来解决问题。通过理解自我引用机制、认识迭代的力量，我们会发现，成长不仅是解决问题的关键，更是推动个人与组织突破的唯一路径。

第 3 章，我们探讨领导者如何通过乐观、谦虚和公正的品质影响团队，并激发团队成员的成长潜力。这些品质是领导力的重要基石。

第4章，我们从工具层面探讨领导者应该如何利用人生天际线、GROW模型、"10倍好"、限制条件、愿景和关键要务、倾听与反馈、授权等领导力工具来持续提升领导效能，构建可落地的领导力提升框架。

第5章，我们聚焦于开启主角模式，让领导者和员工都能在成长中找到自己的角色与使命。无论是创业者还是打工人，只有成为自己人生的主角，才能真正实现蜕变。

领导力的培养是一场关于成长的觉醒——正如这本书的名字"主角模式"所揭示的，真正的领导力，从来不是旁观者的游戏。当你高举自己的火炬，点燃他人心中的火种，使自我与团队在彼此成就中共同成长时，真正的领导力会在你与他人的共同蜕变中生生不息。

现在，帷幕已启，你的故事正等待被书写。

目录

前言

第 1 章 为什么成长那么难 /1

噪声与信号 /4

学习的悖论 /8

普通人悖论 /14

触发点机制 /18

第2章 为什么只有成长才能解决问题 /27

成长无法复制 /30

成长就是持续迭代 /50

领导者必须引领员工成长 /67

第3章 引领员工成长，领导者要拥有值得追随的品质 /81

乐观让团队相信可能性、追求卓越 /85

谦虚促使团队勇于尝试与创新 /113

公正是赢得尊敬与信任的基石 /150

第4章 善用领导力工具，实现领导效能的跃迁 /181

人生天际线：用谦虚与爱重构领导心态 /184

GROW 模型：不提供标准答案，唤醒团队思考 /190

"10倍好"：以颠覆性思维实现创新 /196

限制条件：创新的必备条件是资源匮乏 /200

愿景和关键要务：驱动组织持续成长的双引擎 /205

倾听与反馈：从"我说你听"到"你讲我问" /213

授权：让员工从执行者成长为领导者 /218

第 5 章　开启主角模式，走上共同成长之路　/227

期待被拯救，是温柔的人生陷阱　/230

领导者和员工都需要开启主角模式　/235

好电影的核心是成长，你的人生也是　/242

樊登老师"成长"书单　/250

有时"噪声"会伪装成"信号"的样子，误导我们的判断，阻碍我们的成长。

CHAPTER 1
第 1 章

为什么成长那么难

每个人都渴望成长，问问自己，问问你身边的人，谁不想变得更好？但是，为什么有人十年如一日地停滞不前，有人却在短短几个月间就脱胎换骨？这种成长速度的差别来自哪里？到底是什么阻碍了我们的成长？

其实，阻碍我们成长的障碍往往来自我们自身，往往藏在我们对世界的认知方式中。

受确认偏误和错误直觉的双重影响，我们常常混淆"噪声"与"信号"，误把偶然当必然，误将表象当规律。学习的悖论遮住了我们的眼睛，让我们在已知的领域打转，无法学习未知的知识，错失了突破认知边界的机会。渴望成功又自我否定的普通人悖论，使我们自我设限，把自己束缚在无形的桎梏中。童年经历在我们成年后依然影响我们的情绪和行为，成为我们的触发点，让我们选择留在舒适区，不愿意向前走。

如图1-1所示，这四重障碍，将我们困在认知茧房中，让我们无法实现真正的成长与蜕变。拆解它们不仅需要智慧，更需要直面自我、先打破再重建的勇气。

图1-1 四重障碍

噪声与信号

你一定听过这样的说法：痛苦是成长的必经之路。这话有一定的道理，但是，我们还应该追问一句："没经历过痛苦的人，难道就没法成长了吗？"答案显然是否定的。其实，真正的阻碍，往往是我们内心根深蒂固的确认偏误——一旦我们对某件事有了倾向性看法，我们就会下意识地寻找支持这个看法的证据，以证明自己已有的认知是对的，同时忽视或贬低那些反驳它的信息。这常让我们误把偶然当必然，误将表象当规律。

举个最简单的例子。有人相信"踩井盖会倒霉"，于是每次遇到井盖都会绕道走。有一天，他不小心踩到了井盖，刚好之后遇到了一些不顺心的事情，这个"规律"就被彻底"验证"了。从那之后，他更是把井盖视为洪水猛兽，避之唯恐不及。

实际上，只要他稍微有点科学精神，就会发现：绕开井盖的时候，也有不顺心的事情发生；不小心踩到井盖的时候，也可能风平浪静、一切如常。

人学习的过程，本质上是一个不断挑战自己直觉感受的过程。我们的直觉感受往往是不准确的，甚至是错误的。比如，很多人会根据自己的经验得出一些结论，但这些结论往往是片面的、局部的，不一定符合事实，甚至可能是完全错误的，就像"踩井盖会倒霉"一样。

想象你正在听收音机，"刺啦刺啦"的刺耳杂音和悦耳动听的音乐同时传来，前者是"噪声"，而后者则是"信号"。同样，在我们的成长道路上，"噪声"和"信号"也常常并存。"踩井盖会倒霉"这类看似有规律实则无关的干扰，就是阻碍我们成长的"噪声"。而隐藏在表象背后的因果规律，则是"信号"，比如持续学习带来能力提升，复盘反思优化行动模式，这些才是实现成长的关键因素。

但是，有时"噪声"会伪装成"信号"的样子，误导我们的判断，阻碍我们的成长。

举个例子，假设你是一名创业者，你的公司业务高速发展，在市场上大获成功。在经营公司的过程中，你经常对团队发脾气。这时候，你可能会误以为发脾气是提高团队执行力的有效方法。毕竟，你一路"骂"过来，业绩蒸蒸日上。于是，当别人问你成功的秘诀时，你可能会总结道："一定要凶，不凶他们根本不听你的。"

但是，这种总结往往是错误的。实际上，你的成功可能是因为运气好，赶上了市场风口，或者享受了行业红利。发脾气与业务发展之间并没有必然的逻辑关系，它是你创业过程中的"噪声"，但因为你成功了，你就误把它当成了"信号"，并因此总结出一套奇怪的管理方法，比如"吃苦很重要""严厉很重要""装摄像头监控团队很重要"。等到你二次创业时，这些方法可能完全失效。你会发现，之前的成功并不是因为这些"噪声"，而是因为其他因素。

所以，我们要不断地挑战自己的直觉，分辨哪些是真正的"信号",哪些只是"噪声",然后去捕捉真正的"信号"。

但问题是,我们很难准确地分辨"信号"和"噪声"。因为这需要我们具有批判性思维,而批判性思维不是天生的,它需要系统的训练和实践。

批判性思维的核心是质疑和验证。我们要不断地问自己:"这个结论有数据支持吗?""有没有其他可能的解释?""我是否忽略了相反的证据?"通过不断提问,可以大大减少误判的可能性。

在质疑的基础上,我们要像科学家一样,用试验的方法去进行验证。比如,在决定业务策略时,可以控制变量,只改变其中一个,观察结果。这就是《增长黑客:如何低成本实现爆发式成长》的核心思想——通过试验和数据,找到真正有效的"信号",而不是盲目相信那些看似合理的"噪声"。

更重要的是,我们要保持自我批判的勇气。人天生非理性,成功时归因于自己,失败时归因于环境。比如，很多人觉得自己的口才不好，认为别人的成功只是因为"会说"，不愿意承认别人比自己有本事、更勤奋。我们要勇敢地突破这种局限，敢于颠覆自己之前的认知，进行自我批判，努力接受新的方法和观点，并不断学习和调整。

成长是一个不断挑战自己、突破认知边界的过程。只有准确分辨"噪声"与"信号"，我们才能真正从经验中提炼出有效的规律，实现持续成长。正如那句老话所说：知识就是力量。而且更重要的是，获取正确的知识，才是真正的力量之源。

学习的悖论

很多时候，我们的成长之路会被一堵看不见的墙挡住，这堵墙的名字叫学习的悖论。这是一个非常令人窒息的悖论：你需要学习的东西，恰恰是你不知道的东西；而正因为你不知道，所以你根本不会去学习它，甚至意识不到它的存在。

想象一个孩子站在图书馆里，他只会伸手去够自己视线范围内的书。那些放在高处的、藏在角落里的书，因为他根本看不到，所以不会进入他的选择清单，哪怕其中某本书藏着打开新世界的钥匙。

成年人的成长困境与这个场景非常相似：我们被困在自己的信息茧房里，总在已知的领域打转，却不知道自己真正需要学习的是那些从未接触过的未知知识。

而学习的最大困难在于，我们意识不到自己不知道什么。我们常常会遇到这样的情况：一个困扰自己多年的问题，在认知水平更高的人眼里，只是再寻常不过的常识，对方轻描淡写的一句话就点破了关键。自己听后恍然大悟，甚至有些懊恼："为什么我没早点学到这些？"但事实是，我们需要学的东西，往往在我们的认知范围之外，我们根本不知道它的存在，自然也就无从学起。

我在直播中经常遇到类似的情况。我每周都会直播，每次直播都会有成千上万的网友与我互动，他们向我倾诉自己的苦恼，希望我能为他们答疑解惑。但是，我发现，大多数人问我的都是一些非常表面的问题。

比如，有人问我："怎么提高口才？"但实际上，问题的核心并不是口才，而是他的脑子里缺乏足够的内容。没有充足的知识储备，没有独到的思想，好口才根本无从谈起。因为口才的本质，是思想的表达和知识的传递，没有这些内核，口才就是无源之水。

还有人问我："情商不高怎么办？"事实上，他真正的问题不是情商不高，而是能力不足。如果他的能力强到使他具备不可替代的价值，性格特质反而会成为他的个人特色。比如梁朝伟，尽管他表现得仿佛有"社交恐惧症"，但这并不妨碍他成为一位伟大的演员，因为他的才华足以掩盖所谓的"缺陷"。

因为看到的只是问题的表象，而不是本质，所以人们根本不知道自己真正需要解决的问题是什么，不知道自己真正需要提高的是什么。这是人们无法提升自己的根本原因。

当然，即使意识到了问题的本质，很多人依然无法突破成长的瓶颈，因为他们依赖的仅仅是日常经验，而日常经验是无法带来认知突破的。很多人认为，随着年龄增长，积累的经验越来越多，自己自然就会变得更厉害。但事实上，绝大多数人是无法从实践中总结出有效的知识和经验的，原因很简单：自己不知道的东西，即使出现在面前，自己也识别不了。

这在我们的生活中极为常见。有一次，我和一位朋友在机场里走着，他突然拐了个弯，径直走向某个地方。原来，他看到了一瓶很少见的酒。而我却完全没有注意到，因为我不喝酒，所以我的大脑自动过滤掉了这个信息。对他来说，那瓶酒显而易见；对我来说，它却仿佛隐形了。

这种现象在心理学中也有经典的例证。曾经有一个实验，研究人员给一群来自原始部落的印第安人播放了一部美国电影。这些印第安人从未接触过现代文化，电影中的情节对他们来说是完全陌生的。

主角模式

看完电影后,研究人员问他们看到了什么。他们的回答是:"火鸡。"这让研究人员非常困惑,因为电影中根本没有火鸡的镜头。然而,回放电影时,研究人员发现,在背景中确实有一只火鸡一闪而过。印第安人没有注意到电影中的爱情、权力斗争,因为他们对这些毫无概念。他们的注意力完全被那只火鸡吸引了,因为那是他们唯一能理解的东西。

人们是看不到自己不能理解的东西的。我们的大脑会自动过滤掉那些超出我们认知范围的信息,只关注我们熟悉或能够理解的内容,如图 1-2 所示。

图 1-2 认知过滤过程

九年制义务教育至关重要，原因之一就是它打破了学习的悖论。你可能觉得学物理、化学很枯燥，学对数、开方、立方也没意义，但老师会告诉你："必须学！"这种被动性学习，恰恰是为了让你接触到那些你原本不会主动去学的东西。否则，如果问一个小孩："你想学什么？"他可能会说："我想学奥特曼，我想学魔方。"这些兴趣固然重要，但它们无法帮助他解决未来的复杂问题。而那些他曾经抗拒的知识，却帮他凿穿了认知围墙，在不知不觉中拓宽了他人生的可能性。

遗憾的是，离开学校后，当不再有人强制要求学习时，很多人就停止了学习，开始把碎片化阅读当作休闲，看小说，看网文，却从来没有进步。

而持续的学习恰恰是打破学习的悖论的途径。持续的学习不仅能让我们源源不断地获取新知识，更能一点一点地扩展我们的认知边界，让我们不再被自己的认知所束缚，看到越来越多原本看不见的东西。

主角模式

　　学习的有效方式是阅读那些跨领域的经典著作，它们能帮我们扫除知识盲区，增加我们的知识储备。当别人向我们推荐陌生领域的书时，我们应该感到欣喜，并积极地去阅读，去学习。那些优秀的人用科学的方法撰写的书，我们即使暂时看不懂，也要坚持"啃"下去。那些我们现在觉得没用的知识，不知道什么时候就能派上用场。那些超越我们现有认知的智慧，在未来的某个时刻，或许能成为照亮我们前路的火把。

普通人悖论

　　人们总在两种声音中来回拉扯：渴望变得不普通、向往成为优秀的人，又不断地用"成功者只是少数"来扑灭内心的火苗。这种自我撕扯的心态构成了一个隐蔽的成长陷阱，我将其称为普通人悖论。

　　什么是普通人悖论？很多人都有过这样的经

历：看到别人创业成功，心里跃跃欲试，但转念一想，"创业的风险太大了，失败的人太多了，成功凭什么属于我"，于是继续按部就班地上班，用"安安稳稳上班比什么都强"来开解自己；羡慕明星耀眼的光环，又觉得"梁朝伟只有一个"，于是就失去了尝试的勇气，不敢想象自己成功的可能性。这种既渴望突破又自我设限甚至自我否定的矛盾，正是普通人悖论的典型表现。

普通人悖论就像一条无形的绳索，束缚了我们的想象力和行动力，让我们陷入一种不敢想象、不敢尝试的状态，使我们无法突破自我，不能实现更高的目标。这种思维方式不仅限制了个人的成长，还影响了下一代的发展。比如，在生活中我们常会看到，一些父母要求孩子随大流，跟大家一样考大学、找稳定的工作，却忽视了孩子的兴趣和天赋。结果，孩子学也学不进去，想走另一条路父母又不允许，慢慢地就失去了动力，甚至陷入抑郁。这种教育方式不仅限制了孩子的潜力，还导致他们一生都在普通人悖论中挣扎。

普通人悖论的根源是对风险的恐惧和对失败的回避。很多人认为，成为普通人是最安全的选择，因为这样可以避免失败的风险。但实际上，成为普通人才是人生最大的风险。因为普通人面临的是灰犀牛风险，也就是那些确定会发生但被忽视的风险。比如，随着年龄的增长，健康问题、家庭负担、职业瓶颈等会逐渐显现。如果我们没有足够的能力和资源来应对这些风险，生活就会变得非常艰难。

相比之下，那些勇于追求成功的人，比如创业者，虽然会面临黑天鹅风险，即那些不可预测的突发事件，但他们的能力也在一次次危机中不断得到锻炼和提升，他们往往比普通人更能应对生活中的各种挑战。

所以，不要被普通人悖论所束缚，要改变自己的思维方式。即使我们是普通人，也应该敢于梦想，敢于追求成功。成功并非遥不可及，它是可以通过脚踏实地的努力和日复一日的坚持实现的。那些我们眼中的"特例",其秘诀往往只是在别人放弃时多坚持了一会儿,在他们的光环背后,是持续的积累。如果能像他们一样几十年如一日地深耕一个领域,成功并不是不可想象的。

我很喜欢看老电影,我发现,20 世纪八九十年代香港老电影中的那些配角,很多都成了名角,林雪就是一个典型的例子。

林雪刚进入演艺圈的时候,只是一个默默无闻的小配角。他曾经在电影《力王》中饰演一个怪兽,在片场穿着密不透风的厚重皮套,为 6000 元片酬被樊少皇"暴打"四小时。当导演临时加价 3000 元要求延长拍摄时,这个满头大汗、浑身湿透的胖子毫不犹豫地点头。虽然演戏很辛苦,露脸的机会也不多,但林雪一直扎根在这个行业,不放过任何一个机会。

当时没人觉得这个长相普通的龙套演员能成气候,但几十年后,他不仅在演艺圈站稳了脚跟,还成了一名家喻户晓的黄金配角。

其实，不只是演艺圈，观察任何一个行业，我们都会发现，每个行业里真正坚持下来的人，最后都能找到自己的位置。

阻碍我们成功的，从来都不是"梁朝伟只有一个"，而是从未尝试散发自己的光芒。

我们怎么定义自己，决定着我们成为谁。当我们突破普通人悖论，不再用"普通"定义自己，而是勇敢活出自己的精彩时，成长就有了新的可能。就像林雪在片场挥汗如雨演了几十年路人甲，观众记住的不再是"那个挨打的胖子"，而是他所塑造的有血有肉的鲜活角色。

触发点机制

成长的过程就是不断突破自我、走出舒适区的过程，而触发点机制带来的情绪枷锁，是我们在这个过程中必须面对的另一个重要障碍。

成长意味着改变，而改变往往伴随着不适感。当我们告诉一个人"你需要成长"时，潜台词其实是"你现在不够好"。这种评价会让人感到不舒服，甚至产生抵触情绪。因为人们更希望得到的是认可、接纳和理解，而不是被指出不足。然而，成长恰恰需要人们面对这种不适感。心理强大的人能够接受这种挑战，而心理脆弱的人则会抗拒。抗拒的根源，往往可以追溯到他们的童年经历。

人们都是从孩子成长为成年人的，都经历过许多挫折和痛苦。即使那些在相对幸福的家庭中长大的孩子，也会面临许多挑战。比如，我儿子生活在一个充满爱的家庭里，我和妻子作为父母从不打骂他，总是竭尽所能地关心他、支持他，但他依然会经历许多成长的烦恼。而对大多数人来说，童年的经历可能更加复杂和痛苦，有些人甚至不得不面对唠叨、情绪化、辱骂、暴力、剥夺、背叛，乃至被赶出家门。这些经历深深地刻在人们的记忆中，成为人们性格和行为模式的一部分。

人所有的经历都不会被真正遗忘。我们的大脑拥有强大的存储能力，能记住我们经历过的所有事情，甚至那些我们以为自己已经忘记的细节。

这一现象在脑科学实验中得到了验证。一位心理学家曾进行了一项开创性的实验。他将人的颅骨切开，利用微电流刺激大脑的不同区域。由于大脑没有痛觉神经，实验对象在过程中并不会感到疼痛。当探针触碰到某些特定区域时，实验对象突然回忆起了一些自己平时完全想不起来的场景。比如，有人看到了童年时的小卖部，有人想起了某部电影的画面。经过对照，这些场景都被证实是他们童年生活的真实片段。

大脑所存储的信息并不总是能够被主动调用。比如，考试时我们可能会忘记某些知识点，但这并不意味着这些信息不存在于我们的大脑中，而是因为我们没有找到正确的方式去提取它们。

但是，当突然遭遇某些特定的刺激，比如一句话、一个场景或一件事时，一些隐藏的记忆可能会被唤醒。这些话语、场景或事件就是触发点，能够引发我们强烈的情绪反应。比如，夫妻之间的争吵往往不是因为大是大非的问题，而是因为一些小事触发了彼此的触发点。一方可能因为对方迟到半小时而感到被忽视，而另一方可能因为被催促而感到不被尊重。这些小事背后，隐藏着深层的情绪创伤。

触发点的存在，是人与人之间难以有效沟通和管理的重要原因之一。生活中、职场中的很多对抗场景，本质上都是触发点的连锁反应。老板说"这个方案需要修改"，员工想到的可能是童年时父亲的"你永远做不好"的指责；客户提出合理建议，创业者感受到的可能是学生时代被当众批评的羞耻。这种情绪反应使他们选择对抗，而不是积极沟通、努力成长。

每个人的触发点都是不同的，但它们通常与

图 1-3 中的几种情绪密切相关：羞耻感、不安全感和对失去的恐惧。

羞耻感

不安全感

对失去的恐惧

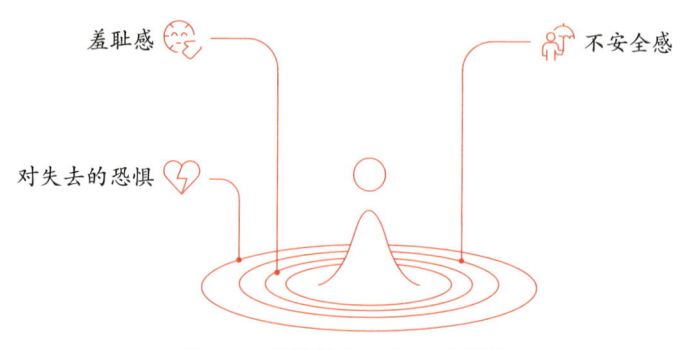

图 1-3　触发触发点的几种情绪

当一个人感到被羞辱或丢脸时，他的触发点可能会被触发，比如，一个在童年时经常被父母公开批评的人，成年后可能会对任何形式的批评都极度敏感。缺乏安全感的人可能会对他人的忽视或冷漠产生强烈反应，比如，一个在童年时得不到父母关注的人，成年后可能会对伴侣的冷淡行为感到极度不安。还有一些人会对失去产生强烈反应，比如，一个在童年时经历过亲人离世的人，成年后可能会对分离或离别感到极度恐惧。这些情绪反应往往是在潜意识层面的，我们甚至意识不到它们的来源，但它们却深刻地影响着我们的行为和决策。

触发点的背后，其实隐藏着对爱的渴望。每个人都希望被认可、被接纳、被理解，当这些需求没有得到满足时，我们就会感到受伤。举个例子，一个员工可能会因为领导的批评而感到"领导讨厌我"，尽管领导的本意可能是为了帮助他成长。这种情绪反应并不是因为领导真的"坏"，而是因为领导的某些行为触发了员工的深层情绪。

当一个人的触发点被触发后，最常见的反应是情绪失控。这种失控并不是因为这个人"不讲道理"，而是因为他的潜意识在试图保护他免受伤害。触发点的本质是一种自我保护机制，它让我们在面对潜在的威胁时，迅速进入"战斗或逃跑"模式。然而，这种反应往往是不理性的，甚至会让我们做出一些后悔的行为。

情绪失控的表现形式多种多样，但它们都有一个共同点：僵硬。无论是发脾气、冷战，还是情绪崩溃，我们的身体和思维都会进入一种僵硬的状态。这种状态让我们无法理性思考，也无法有效沟通。比如，当你发脾气时，你的全身肌肉会紧绷，呼吸变得急促，思维也变得不清晰。发完脾气后，你可能会感到精疲力尽，因为这种情绪爆发消耗了大量的能量。

成长需要勇气，而触发点往往会让我们选择留在舒适区，而不是向前走。要突破这种限制，我们需要学会识别和管理自己的触发点，用更健康的方式应对它们，而不是被它们控制。

要解决触发点带来的问题，首先需要意识到触发点的存在。当我们发现自己情绪失控时，不妨停下来想一想："这是不是触发了某个过去的经历？"意识到这一点后，我们可以尝试与对方分享自己的感受，而不是继续争吵。比如，我们可以说："我之所以这么生气，是因为这件事让我想起了小时候被忽视的感觉。"这种坦诚的沟通往往能够化解矛盾，甚至加深彼此的理解。

　　向内看是解决触发点问题的关键。我们需要理解自己的情绪从何而来，而不是一味地责怪他人。只有当我们能够正视自己的过去时，我们才能真正摆脱它的束缚，走向成长。

当问题超出了我们当前的
解决能力时，拿着旧地图
是找不到解决途径的。

CHAPTER 2
第 2 章

为什么只有成长
才能解决问题

成长很难，我们被噪声与信号的混淆束缚在确认偏误中，被学习的悖论禁锢在信息茧房里，被普通人悖论带来的自我设限、自我否定拖累，甚至被童年的情绪触发点绊住脚步。既然成长需要如此痛苦地突破重重障碍，为什么我们依然要坚持成长？为什么不能选择"躺平"，安于现状？

因为只有成长才能解决问题。

问题的出现，本质上是认知和能力触及了边界：职业发展遇到天花板，是因为现有认知无法达到更高维度；团队矛盾频发，是因为管理能力跟不上组织进化的速度；市场波动带来危机，是因为商业洞察力未能穿透变化的迷雾。这些问题不会因为回避而自动消失，反而会像雪球一样越积越大。

当问题超出了我们当前的解决能力时，拿着旧地图是找不到解决途径的。"躺平"或许能换来一时的喘息，但当我们停下脚步时，竞争对手正在加速奔跑，市场格局正在不断重塑，技术革命正在改写规则……我们与世界的差距，就这样在不知不觉中拉开。

要真正解决问题，唯一的选择就是成长，让自己变得更强。就像生命体必须通过新陈代谢保持活力，组织也必须通过持续迭代适应环境、获得生机。这就是我为什么说领导力是一门让自己和他人成长的学问，因为领导力的意义，正是构建这种生生不息的成长循环——既要突破自我的边界，也要点燃他人的潜能，更要通过持续迭代引领组织创造新的可能。这正是组织在变革时代的生命力之源。

当一个领导者选择成长时，他不仅是在解决当下的问题，更是在为团队打开未来的大门。在这个过程中，问题不再是阻碍前进的绊脚石，而是托举组织跃向新高度的波浪。

接下来，我们深入探讨成长的底层逻辑。

成长无法复制

复制的尽头永远是失败

我们常常被成功案例的光环所迷惑，总是渴望找到一条可以复制的成长路径。看到某家企业通过某种方法取得了巨大的商业成就，很多人的第一反应是：我能不能照着做？这种渴望源于人类对确定性的追求，我们总是希望能找到一条已经被验证过的捷径，以规避探索过程中的风险和不确定性。然而，这种对可复制性的迷恋，恰恰反映了我们对商业本质的深刻误解。

想象一下，如果成长可以复制，那么商业世界将会变得多么简单。我们只需要找到最卓越的企业，拆解它的每一个决策，模仿它的每一个动作，就能获得同样的市场地位。现实中，我们也经常看到这样的现象：一家企业在市场上崛起后，立刻涌现出无数模仿者。它们竞相复制其商业模式，抄袭其产品设计，照搬其管理方法，甚至不惜花费重金挖走其核心团队。但结果呢？取得同样成就的模仿者往往屈指可数，绝大多数都以失败而告终。在商业丛林中，模仿者的墓碑永远比创新者的丰碑更多。

为什么采用同样的商业模式、同样的管理方式，挖来同样优秀的人才，复制依然会失败？

因为真正的成长从来都是不可复制的。世界上没有两片完全相同的树叶，也没有两条完全相同的成长路径。

这种不可复制性在创新领域表现得尤为明显。创新从来不是对成功商业模式的复制，而是对现有规则的突破。苹果公司之所以能改变手机行业，不是因为它复制了诺基亚的成功经验，而是因为它彻底颠覆了人们对手机的认知；阿里巴巴之所以能重塑商业生态，不是因为它模仿了亚马逊的模式，而是因为它创造性地解决了中国市场的独特问题。

就像人的指纹各不相同一样，每个组织的成长轨迹也应该是独一无二的。我们应该放下简单复制的幻想，放弃寻找放之四海而皆准的成长公式，跳出盲目模仿的窠臼——不再费尽心思地复制别人，而是潜心打造自己的独特优势；不再照搬别人的"招式"，而是苦练自己的"内功"；不再亦步亦趋，而是勇敢地探索适合自身特质的独特道路，在这个过程中培育出与众不同的竞争优势，在持续探索中找到属于自己的市场位置。

当然，这不是说成功经验不值得借鉴，而是说任何有价值的成长都必须经历独特的蜕变过程，就像蝴蝶破茧而出，那个痛苦而必要的挣扎阶段，是任何外力都无法替代的。

任何生命体都是自我引用的

当我们认识到"成长无法复制"这一事实时，一个更深层次的问题随之浮现：为什么成长无法复制？答案隐藏在生命底层的运作法则中——任何生命体都是自我引用的。这个看似抽象的法则，是理解成长独特性的关键所在。

想象一下我们清晨推开窗户时看到的树。它不是每天都从小树苗开始重新生长的，而是在昨天长出的枝干上抽出新芽。它今天的姿态源自昨日的生长，明日的模样又基于今天的姿态。我们凝视这棵树时，看到的不仅是当下的挺拔繁茂，更是无数个"昨天的它"叠加的奇迹。这种"站在自己肩膀上"的成长方式，就是典型的自我引用。自我引用不是简单的重复，而是基于历史积累的持续迭代。就像细胞分裂时，新细胞并非凭空产生，而是携带着母细胞的全部遗传密码，同时又可能在分裂过程中产生微妙的变异。这种既有传承又有变化的特性，正是生命最神奇的地方。

在自然界中，这种自我引用无处不在。候鸟迁徙依靠的是代代相传的飞行路线，珊瑚虫的生长以历代珊瑚的骨骼为基础。人类社会也是如此，我们的知识体系、文化传统、技术发展，都是在前人基础上不断累加的结果。这种积累不是简单的叠加，而是有机的融合与演化。就像语言文字的发展，每个新词的产生都依赖于已有的词汇系统，同时又反过来丰富这个系统。

在商业世界，这种自我引用表现得尤为明显。每个企业的决策都建立在此前的经验基础上，每个创新都源自已有的知识积累。字节跳动的搜索引擎算法不是一天形成的，而是在无数次迭代中逐步完善的，每一次改进都基于前一个版本的用户反馈和技术积累；特斯拉的电动车技术也不是突然出现的，而是建立在多年来对电池、电机、软件持续研发的基础上，每个突破都源自对前代产品不足之处的深刻理解。

这种自我引用在数学上表现为一条令人敬畏的

曲线——幂次曲线。

与人们习惯的线性思维不同，许多幂次系统展现出明显的非线性特征：在达到某个临界点之前，系统可能长时间保持平稳状态；而一旦突破阈值，改变就会以摧枯拉朽之势发生。

这就像烧开水的过程：在达到沸点之前，水温看似毫无变化；一旦突破100℃这个阈值，水就会瞬间沸腾。这种突变不是偶然的，而是系统内部能量持续积累的必然结果。

生活中很多事物的成长轨迹都符合幂次曲线。竹子的生长就是典型例子：在最初的四五年里，它可能只长出几厘米，看似毫无进展；但在四五年之后，它会以每天几十厘米的速度疯狂生长，短短几周就能达到十几米的高度。那些不了解这种生长规律的人，往往在前四年就放弃了浇水施肥，永远看不到竹子快速生长的时刻。同样，在创业过程中，很多人在黎明前的黑暗期选择放弃，错过了即将到来的爆发式增长。

幂次曲线的突变特性让习惯线性思维的人脑难以理解和预测。创业者最能体会这种非线性。创业历程往往不是平稳上升的直线，可能三年默默无闻，却在第四年迎来指数级增长；也可能多年苦心经营，却在一夜之间崩塌。这不是命运的捉弄，而是幂次曲线在商业中的真实体现。

幂次曲线的可怕之处在于它的不可预测性。我们观察一个处于平缓期的幂次系统，很难判断它何时会迎来拐点。就像教育孩子，在童年时期，打骂孩子可能不会立即造成严重后果，家长甚至会误以为"孩子抗压能力强"。但实际上，压力正在神经系统中不断累积，改变着孩子的脑部结构和激素分泌水平，直到某天突破他心理承受的阈值。很多青少年患上抑郁症，就是这种长期压力积累后突然显现的结果。

吸烟者的健康风险同样遵循这条曲线。当你劝一个人不要吸烟时，他会辩解说"我吸了40年烟也没事"，却不知道健康损害往往在突破某个临界点后突然显现。中国每天有几千人因吸烟导致的各种疾病死亡，这些疾病的症状常显现于健康状况看似"正常"后的突然恶化。这种突变的不可预测性，使很多人在意识到问题的严重性时为时已晚。

遗憾的是，我们的大脑不擅长感知渐变，只有当质变发生时才后知后觉。这种认知局限在商业中会造成严重的后果：经营者期望通过简单模仿快速见效，投资者要求短期回报，而忽略了真正的成长需要突破临界点所要求的时间积累。

理解了生命体的自我引用机制和幂次曲线后，我们就会认识到为什么简单的复制策略注定失败。我们还会发现，越是卓越的公司，其成长路径越难被复制。因为这家公司的商业成就不是来自某个孤立的决策或产品，而是整个组织长期自我迭代的结果。就像人的性格是由无数生活经历塑造的一样，公司的"性格"也是由其独特的发展历程决定的。早期的关键决策、重要的战略转折甚至是惨痛的失败教训，都成为公司独特的DNA，沉淀在公司成员的默契里，流淌在公司文化的血脉中。当其他公司试图复制时，往往只能复制表面的形式，而无法复制内在的成长逻辑。

举个例子，苹果公司的卓越之处不仅在于其产品设计，更在于其将硬件、软件、服务整合为生态系统的能力。许多公司试图复制苹果的零售店设计、产品发布会形式，甚至挖走了苹果的设计师，但都无法复制苹果的整体体验。因为苹果的竞争力来自30年来的持续迭代：从1984年Macintosh的图形界面，到2001年iPod的音乐生态，再到2007年iPhone重新定义手机，每一步都建立在前一步的基础上，形成独特的"苹果式创新"路径。

当真正理解"任何生命体都是自我引用的"时，我们就能以全新的眼光看待成长。不再期待直线上升的捷径，而是欣赏螺旋式前进的智慧；不再为暂时的停滞焦虑，而是积蓄突破临界点的能量；不再简单复制他人路径，而是构建属于自己的迭代循环。这或许就是生命给我们的最深刻启示：昨天的你是今天的基石，而今天的你正在塑造明天的可能。在这个永不停息的自我引用中，蕴含着成长的奥秘。

语言具有割裂性

成长之所以不可复制，还与另一个常常被人们忽视的因素——语言的割裂性有关。如果说生命体的自我引用机制揭示了成长的内在连续性，那么语言的割裂性则决定了这种连续性无法被完整传递和复制。

在信息爆炸的时代，人们渴望用最短时间获取最多"干货"，期待将复杂的商业经验浓缩成几条简单的法则。这种渴望背后隐藏着一个危险的认知误区：成功的精髓可以通过语言被完整捕获和传递。

事实远比我们想象的更为复杂。

假设你看了一场精彩的篮球比赛，球员们的每个动作都如行云流水般自然连贯：从优雅的胯下运球到突然的加速突破，从精准的背后传球到完美的急停跳投，整个过程浑然一体。第二天，当你试图向朋友描述这场比赛时，却不得不将这个有机的整体分解为一系列独立的动作片段："他先做了一个胯下运球，然后突然加速突破，在罚球线附近急停跳投……"这种描述无论多么生动，都无法完整还原比赛的真实场景。这就是语言的本质困境——它必须将连续的现实分割成离散的符号才能表达。

在课堂上，当老师将一家企业十年的发展历程浓缩为"五个关键要素"时，学生们往往会觉得醍醐灌顶，迫不及待地想要记下来应用。但事实上，这种"干货"提炼过程已经将连续、多维的现实世界粗暴地简化为几个离散的语言符号，而忽略了动态演化的过程，就像把一首交响乐简化为几个音符，把一幅油画简化为几种颜色。

语言的割裂性在知识传递中造成了严重的信息失真。任何试图通过语言传递的经验都不可避免地丢失了现实世界的连续性与复杂性，从而注定了简单照搬必然失败的命运。

以某篮球培训机构为例，表面上看，它的模式可以被概括为"专业教练+社区渗透+线上运营"等几个要点。但实际上，这个模式的形成经历了无数次试错和调整：与某个社区中心的偶然合作带来的突破，某次家长会上的意外反馈引发的服务升级，某个教练的个性特点催生的独特训练方法……这些细节相互交织，才造就了它今时今日的发展。而当其他体育培训机构试图复制这个模式时，它们拿到的只是干瘪的框架，失去了赋予其生命力的血肉和灵魂。

同样，如果我将"帆书"的成功要素总结为"精准选书""社群运营""内容下沉"等几个关键词，听众会立刻觉得清晰明了。但这短短几个词的背后，是过去十年上万个足以改变平台走向的关键决策，是无数个辗转反侧的深夜和灵光乍现的瞬间。只不过，因为人们的大脑根本无法处理如此庞大的信息量，我们不得不进行简化。这种简化虽然便于传播和理解，却严重扭曲了现实的复杂性。

更值得警惕的是，人们在接受"干货"时，还会不自觉地基于自己的经验进行二次加工和"脑补"。当某位企业家说"坚持用户导向是企业可持续发展的关键"时，很多人都会根据自己的经验来理解"用户导向"的具体含义。结果，同一个词语在不同人脑海中激活的是完全不同的图景。这种理解的差异性使经验复制变得更加不可能。

语言的割裂性带来的信息失真主要体现在三个维度，如图 2-1 所示。

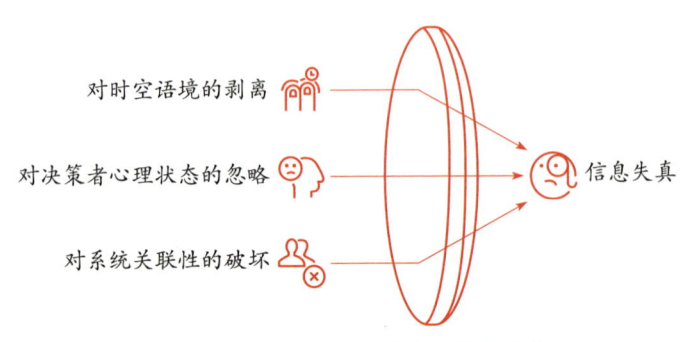

图 2-1　语言的割裂性带来的信息失真

首先是对时空语境的剥离。任何商业决策都是在特定的时间和市场环境中做出的，与具体情境密不可分。比如，亚马逊在20世纪90年代押注电商的战略选择，与其所处的互联网萌芽期、消费者习惯改变等时代背景息息相关。但当这些经验被抽象为语言传播时，情境要素被大量剥离，剩下的"干货"失去了赖以存活的土壤。就像将一棵树连根拔起后展示其枝干，看似完整，实则已失去生命力。这也是许多"最佳实践"在移植到其他企业后会失效的根本原因。

其次是对决策者心理状态的忽略。每一个商业选择背后都有一整套复杂的心理图景：直觉的闪光、权衡的煎熬、突破的喜悦、失败的恐惧……这些主观体验很难通过语言准确传递。当我们听到"当时我们果断决定转型"这样的描述时，完全无法体会决策者当时面临的压力和内心的挣扎。而这些无法言传的心理因素，恰恰是理解商业决策深层逻辑的关键。

最后是对系统关联性的破坏。任何商业成就都是多要素非线性互动的结果,各要素之间存在着复杂的协同关系。但语言必须按照线性顺序表达,这迫使我们将多维的现实压缩到一维的时间线上。这种压缩不仅扭曲了要素间的真实关联,还制造出虚假的因果关系。古希腊哲学家芝诺的阿喀琉斯悖论就是经典例证:在语言描述中,阿喀琉斯追乌龟的过程被无限分割,使英雄永远落后于乌龟;但在现实中,任何一个能正常行走的人都能轻松超越乌龟。类似地,当我们用语言拆解商业案例时,也会不自觉地认为可以将其还原为几个独立变量,而忽略了变量之间动态交织的复杂性。

基于对语言割裂性的认知回望商业史,我们会发现,商业世界的残酷与魅力在于:真正重要的东西,从来无法被完整诉说,只能在特定语境中默默生长。而所有有效的商业传承,本质上都不是知识的搬运、经验的复制,而是语境的重建。丰田生产方式的全球推广,靠的不是翻译《丰田模式》教材,而是在各地工厂培育出类似的"改善"话语场;华为引入IBM流程时,任正非强调"先僵化,后优化,再固化",实质是通过强制实践来跨越语言理解的鸿沟。

认识到语言的局限性,我们就应该对泛滥的"干货"保持必要的警惕,更要清醒地认识到:语言是借以理解世界的工具,永远不能完全替代现实。优秀的商业实践永远是情境化的、连续的、多维的,任何试图通过语言将其简化为几条"黄金法则"的努力,都注定会丢失精髓。这并不是否定知识分享的价值,而是要理解语言传递的边界。这意味着我们要把他人经验当作灵感的火种而非信条,要把商业案例看作思考的起点而非复制的模板,要透过"干货"的表象理解背后的思维方式和决策逻辑,更重要的是,要实践优先,在真实的商业环境中检验和修正认知。

在这个意义上,理解了语言的局限性,反而解放了我们的创造力,让我们能够超越语言的框架,在实践的连续性中寻找真正的成长。

主角模式

人与人的本质区别是经历的区别

在探讨成长为何无法复制时，我们还需要直面一个深刻的但很多人都没有意识到的事实：人与人的本质区别不在于知识的差异，而在于经历的不同。就像在同一环境中生长的两棵树，即使品种相同，也会因为生长过程中经历的每一次风雨、每一次修剪的不同而长得完全不同。

举个例子，有两个人是大学同班同学，他们朝夕相处四年，学习同样的课程，接受同样的教导，甚至住在同一个宿舍，但三十年后，也会成长为截然不同的两个人。一个可能成为汽车底盘设计专家，谈起悬架系统、转向机构如数家珍；另一个却转型为知识传播者，对认知心理学、教育方法论信手拈来。这种区别不是因为他们掌握了不同的书本知识，而是因为各自经历了完全不同的人生轨迹。那位汽车专家可能毕业后就进入车企，经历过数十个车型的研发，处理过无数次底盘异响的投诉；而知识传播者可能在教育培训行业摸爬滚打，面对过形形色色的学员，解决过各种教学难题。这些独特的经历塑造了他们完全不同的思维模式。

每个人的认知体系都是由无数生活片段组合而成的。童年时父母的一句无心之言，青春期遭遇的一次重大挫折，职场中某个关键的转折点，这些看似零散的经历像拼图般组合成我们独特的思维模式。心理学研究表明，人类记忆不是简单的信息存储，而是会不断重构。每次回忆某个经历时，我们都会不自觉地根据当前认知对其进行修改。这意味着我们的经历不是固定不变的，而是随着时间推移不断被重新诠释，持续塑造着我们的认知。

现代教育体系过分强调知识的标准化传递，却忽视了经历对认知的塑造作用。两个学生背诵同一段历史，一个曾在相关古迹驻足，一个只是死记硬背，他们对历史的理解深度必然不同。在工作中也是如此，参加过产品从零到一全过程的人，与只看过总结报告的人，对业务的理解根本不在同一层面。这种差异不是靠多听几场分享会就能弥补的。

经历的特殊性决定了认知的独特性。我们在听那些优秀的人分享经验时，常会陷入一个误区：以为记下他们说的每句话就能复制他们的成长路径。实际上，演讲者自己都未必能说清哪些经历真正塑造了他的判断力。就像梅西无法用语言传授他踢球的直觉，那些最关键的能力往往来自通过千万次训练形成的肌肉记忆和临场反应。真正的领悟必须通过亲身经历来获得，语言能传递的只是皮毛。

经历带来的这种特殊性还体现在更深层的认知维度上。我们对世界的理解、对价值的判断、对风险的感知，都深受过往经历的影响。一个经历过创业失败的企业家，和一个从未尝过失败滋味的职业经理人，即使掌握了相同的商业知识，在面对投资决策时的风险偏好也会完全不同。这些深层的差异，决定了为什么同样的商业策略在不同人手中会产生截然不同的结果。

更关键的是，我们的经历不仅塑造了我们的优势，也造成了我们独特的盲区。就像前文提到的那个心理学实验：让来自不同文化背景的人观看同样的场景，他们注意到的细节和得出的结论往往大相径庭。在商业决策中也是如此，一个技术出身的企业家和一个销售出身的企业家，面对同样的市场机会时，会天然地关注不同的方面，做出不同的判断。这些差异不是通过简单的知识传授就能消除的，它们是每个人独特成长路径的自然产物。

当我们试图复制他人的成长时，最大的误区就是忽视了经历带来的这种本质差异。我们看到一家企业采用了某种激励机制取得了不错的效果，就以为照搬这套机制也能获得同样的效果，却不知道这套机制之所以有效，是因为它契合了该企业特定的发展阶段、团队构成和文化氛围。就像名创优品的模仿者，能复制店面装修却复制不了叶国富对零售节奏的把握，这种把握来自他早年在小商品市场摸爬滚打的日日夜夜。

认识到人与人的本质区别是经历的区别，我们就能以更开放的心态看待成长。每个人的成长都是

主角模式

在自己独特经历土壤中生长出的果实，这既解释了为何成长难以复制，也为我们指明了更可靠的成长路径——尊重每个人的独特经历，在自身经历的基础上持续迭代，而非简单模仿他人的成长轨迹。

这就像优秀的艺术家从不止于模仿大师的作品，而是通过消化吸收大师的技巧，最终找到自己独特的表达方式。最有价值的成长不是成为第二个谁，而是在理解自身经历的基础上，成为第一个自己。

成长就是持续迭代

迭代是成长的最佳路径

当复制注定失败时，我们又该如何获得成长呢？

答案是持续迭代。

成长从来不是一蹴而就的，而是在持续迭代中不断调整、优化和升级的漫长旅程。

什么是迭代？迭代就是一个人跌跌撞撞地摸索，错了就调整，学了再验证，持续地自我更新，逐渐逼近更好的自己。就像孩童学步，经过一次次跌倒又爬起，终于可以大步流星；又像匠人制器，必须反复打磨修正，才能使器物精美绝伦。

值得注意的是，迭代与简单重复有着本质区别。迭代是在持续实践中不断校准方向，直至找到突破的临界点。真正的迭代具有三个关键特征：首先，它必须是持续性的，需要时间的沉淀和积累；其次，它是渐进性的，通过微小但持续的改进最终实现质变；最后，也是最重要的是，它是开放性的，允许在过程中发现和接纳新的可能性。

如果我们仔细观察自然界和人类社会的发展规律，会发现，所有可持续的成长都遵循同一条基本路径——持续迭代。

迭代在生物进化中表现得尤为明显。达尔文在

《物种起源》中揭示的自然选择原理，本质上就是一个持续迭代的过程：基因变异产生多样性，环境压力进行筛选，优势特征得以保留并继续优化。

人类文明的发展史同样是一部波澜壮阔的迭代史。科学史上的每一次重大突破，从牛顿的经典力学到爱因斯坦的相对论，再到颠覆性的量子力学，都不是凭空出现的灵感火花。科学哲学家托马斯·库恩在《科学革命的结构》中指出，科学进步是"常规科学"积累与"范式革命"交替进行的迭代过程。技术演进更是如此，工业革命以来的关键技术发展，从蒸汽机到内燃机，从电子管到晶体管，从大型计算机到智能手机，都清晰展现了技术代际传承、持续优化的迭代轨迹。人类历史上的每一次重大进步都建立在前人尝试的基础上，同时又为后续迭代提供了新的起点。

商业领域的发展同样印证了迭代的必然性。航空业的突破性发展提供了一个经典案例。莱特兄弟的成功绝非偶然，在他们之前，无数航空先驱执着于模仿鸟类扑翼飞行的方式，结果都以失败告终。而莱特兄弟的关键突破在于，他们认识到飞机控制的核心在于机械传动系统而非扑翼动作，这与他们经营自行车生意时的实践经验有关。这个认知突破来自他们在对自行车链条传动系统的实际操作中逐步形成的工程直觉。他们将这个认知迁移到飞行器控制系统的设计中，最终实现了人类首次可控的动力飞行。

漫威漫画的兴衰史则从另一个角度诠释了迭代的价值。20世纪80年代，漫威漫画一度濒临破产，公司裁员，只剩斯坦·李一人仍在坚持创作。在当时看来，漫画产业似乎已经日薄西山。然而正是斯坦·李坚持不懈的创作迭代，为后来的超级英雄电影奠定了基础。蜘蛛侠、钢铁侠等经典角色的成功塑造，都是经过数十年的故事版本迭代、人物设定调整才最终形成的。当技术条件成熟时，这些经过市场反复检验的角色立即焕发出惊人的商业价值，成就了历史上最出色的电影系列之一。

在个人成长层面，迭代的重要性更为凸显。那些最终取得非凡成就的人，他们的成长道路无一不是持续迭代的写照。周星驰在成为"喜剧之王"之前，经历了漫长的蛰伏期。在那些被称作"票房毒药"的岁月里，他反复打磨不被市场认可的表演风格，直到某天这种独特的幽默方式被观众认可。最终，他开创了独特的"无厘头"喜剧，成为华语电影的标志性人物。这种蜕变不是因为他突然掌握了什么秘诀，而是在无数次演出中持续调整、改进的结果。

成长没有捷径可言，这是最残酷也最公平的现实。所有试图寻找"速成秘诀"的尝试，最终都会被证明是徒劳。而那些接受这个事实，愿意在持续行动中不断调整优化的人，往往能在不经意间实现突破。迭代的魅力就在于它不承诺效果立竿见影，但给予每个坚持者突破的可能。

在这个意义上，迭代已经超越了一般的方法论层面，成为一种应对不确定世界的生存智慧。它不需要我们一开始就看清全部道路，而是允许我们在前进中不断调整方向。成功应该是持续迭代的副产品，而非追求的目标。当我们真正沉浸于创造价值的过程时，成长自然会发生，成功也会随之而来。

所以，别再问"我这样做能不能成功？"，而是要问"我是否愿意持续优化，哪怕暂时看不到结果？"。只要坚持迭代，你就能获得成长。

慢慢迭代，反而更快

在这个很多人追求即时满足的时代，"快"成了他们衡量一切的标准，他们渴望一夜暴富、三日速成、瞬间蜕变。社交媒体上"30天掌握一门外语""三个月实现财务自由"之类的速成神话，让越来越多人陷入对即时满足的痴迷。这也是为什么很多人更愿意直接复制别人的成长，而不愿意通过迭代一步步成长，在他们看来，迭代太慢了。

但一个反直觉的真相是：那些看似缓慢的持续迭代，往往才是真正高效的成长路径。这不是悖论，而是隐藏在成长背后的规律，是经过无数案例验证的成长智慧。

其实，很多人的"快"是不断变换方向带来的假象。看到一个方法就全盘照搬，在每个领域都浅尝辄止，遇到阻力就转换赛道，结果永远在从零开始。就像挖井，如果东挖一锹西挖一锹，就永远尝不到甘泉。我见过太多创业者，短视频火爆就做短视频，直播带货兴起就转直播，人工智能热门又急忙转向人工智能，最终在每个风口都沦为陪跑者。

真正的快，不是冲刺的速度，而是持续迭代带来的复利效应。就像滚雪球，初期很费力，每推进一步都收效甚微。但随着雪球体积的增大，每滚动一圈积累的雪量开始呈几何级数增长。到后期，雪球的自重就会产生巨大的惯性，这时轻轻一推就能获得惊人的前进速度。迭代之所以能创造这种"越来越快"的效果，正是因为知识、技能和经验的积累遵循相同的复利法则。

比如，以前我读一本书，脑海中可能只能联想到十本书。经过这些年的持续阅读和思考，现在每读一本书，能自然地与上千本书的知识网络产生连接。这种理解能力的质变不是突然发生的，而是通过每天坚持阅读、思考、实践，让知识节点不断延伸、交织，最终形成了一个有机生长的知识体系。当知识体系达到一定规模后，新旧知识的联结会呈指数级增长，每个新的认知都能与既有知识产生多重共鸣，而这种联结的丰富程度直接决定了我们的理解深度和应用能力。

董宇辉的转型故事也体现了迭代的复利效应。从新东方的英语老师到直播带货的顶流主播，从表面上看这是职业赛道的突然转换，实质上是其多年积累的教学能力在新场景下的迭代升级。仔细分析他在直播中展现的核心能力，可以发现，深厚的知识储备源自长期的教学准备，精准的语言表达来自无数堂课的锤炼，出色的互动能力则是应对各类学生问题的经验结晶。这些能力的形成绝非一日之功，这些能力是通过日复一日的教学实践逐步打磨而成的。当这些能力迁移到直播场景时，立即展现出惊人的适应性。这就像一位训练有素的运动员转项，虽然运动形式变了，但基础体能、协调性、心理素质等底层能力依然可以无缝衔接。

现代科技企业的发展历程更能说明迭代的力量。观察那些基业长青的企业，无论是苹果每年更新 iPhone 系列，特斯拉持续升级自动驾驶系统，还是亚马逊不断优化推荐算法，这些行业领袖都深谙一个道理：只有迭代才能保持领先。

慢慢迭代不是保守的妥协，而是对成长规律最深的理解——那些看似缓慢的持续进步，终将在时间的复利作用下，展现出惊人的爆发力。就像马拉松选手不会在起跑时就全力冲刺，真正的高手都懂得保持节奏、持续前进才是最快的抵达方式。当速成主义者在各个赛道间疲于奔命时，持续迭代者已经在复利的魔力下，悄然完成了从量变到质变的飞跃。

了解自己不知道的东西，你才有机会迭代

迭代是成长的最佳路径，但有一个前提条件：我们必须先知道自己不知道什么。

古希腊哲学家苏格拉底有句名言："我唯一知道的就是我一无所知。"这句看似矛盾的话，道破了人类认知的一个根本特征——真正的智慧始于承认自己的无知。在持续迭代的道路上，认识到"自己不知道什么"比掌握已知的知识更为重要。这种对认知边界的清醒认识，是走上成长之路的第一步。

我们生活在一个知识爆炸的时代，每天都有海量信息涌入视野。但是，信息过载不仅没有提升我们的认知水平，反而使很多人产生了一种"全知幻

觉"。他们通过碎片化阅读积累了大量似是而非的知识片段,却误以为自己已经掌握了事物全貌。这种认知偏差在心理学上被称为达克效应——能力越低的人越容易高估自己的能力。站在山脚下的人,因为视野受限,往往会误判山峰的高度;而随着攀登高度的增加,反而更容易看清山体的全貌和攀登的难度。

迭代是通过持续反馈进行自我更新和升级,但如果我们连自己不知道什么都不清楚,又何谈更新?这就好比使用一个没有校准的指南针,永远找不到正确的方向。这样的案例比比皆是。柯达发明了数码相机却未能及时转型,诺基亚拥有智能手机技术却固守功能机市场,这些商业巨头的陨落,很大程度上都是因为没能及时认识到自己认知的盲区。他们不是缺乏技术或资源,而是被困在"我们什么都知道"的认知牢笼里。

相反,几乎所有颠覆性创新都来自对现有认知框架的突破,而突破的前提是意识到现有认知框架的局限性。当爱因斯坦思考光速问题时，关键的一步不是他掌握了多少物理知识，而是他敢于质疑当时被视为常识的绝对时空观。这种对未知领域的敏锐感知，是推动认知迭代的核心动力。

但是，认识到自己的无知是一件非常困难的事情，这是因为它违背了人类基本的心理防御机制。我们的大脑天生厌恶不确定性，会本能地填补认知空白，哪怕是用错误的假设。神经科学研究显示，当面对信息缺口时，大脑的默认模式网络会自动激活，编织看似合理的故事来消除认知失调带来的不适感。这种心理防御机制在原始社会有助于快速决策以应对危险，但在复杂的现代商业环境中，却成为阻碍认知升级的绊脚石。这也解释了为什么许多人宁愿相信简单的错误答案，也不愿意坦然承认"我不知道"，因为后者带来的不确定性更令人不安。

这需要我们培养对未知的敏感度。一个有效的做法是建立"反方思维"：对每一个重要决策，主动寻找反对意见和反面证据。查理·芒格提倡的"逆向思考"就是这种方法的典范：要明白如何成功，先研究如何失败；要做出好决策，先了解可能导致错误决策的因素。

另一个重要方法是拓展认知边界。我们不知道自己不知道什么，在很大程度上是因为我们的经验范围有限。通过跨领域学习、与不同背景的人交流、接触相反的观点，我们能够逐渐发现自己的认知盲区，从而保持开放和谦卑，为真正的迭代创造条件。这就是为什么很多企业家往往是"贪婪的"阅读者，他们通过书籍可以接触到远超出个人经验范围的智慧和视角。

在组织管理中，领导者面临的巨大挑战之一就是如何让团队保持对未知的开放心态。卓越的组织往往会在最顺利的时候主动寻找自己的不足并做出改变，而不是等到危机来临才被迫改变。亚马逊的"逆向工作法"就是典型例子，从想象完美的客户体验出发，反向推导当前服务与理想状态的差距。

这种方法不断提醒团队：我们知道的永远比需要知道的少。

另外，建立有效的反馈机制是发现未知的关键。很多企业失败不是因为缺乏数据，而是因为过滤掉了与既有认知不符的信息。优秀的组织会刻意保护"坏消息"的传递渠道，确保决策者能听到真实的市场反馈，而不是经过层层美化的汇报。这种对未知的主动探索，是持续迭代的基础。

其实，迭代能力的高低不取决于知道多少，而取决于对"不知道"的包容程度。真正的智者不是那些脑海里装满答案的人，而是那些始终保持问题意识的人。在这个变化加速的时代，比知识更重要的是"无知管理"的能力——清楚地知道自己的认知边界在哪里，并有勇气和智慧不断拓展认知边界。这种能力，才是持续迭代的核心引擎。

了解自己不知道的东西，不是认知的终点，而是迭代的起点。就像黑暗中的探险者，只有先承认黑暗的存在，才会去寻找光明。当我们学会拥抱无

主角模式

知，与未知和平共处时，我们反而能获得最持久的成长动力。

失败是成长路上的踏脚石

在成长的路上，很多人会忽视失败的价值。这源于人性的一个弱点——对失败的恐惧，它使我们害怕犯错带来的挫败感，实际上，每个错误都是迭代之路上的必经站点，每次跌倒都包含着调整方向的线索。

在我的创业历程中，有一段经历曾经让我受到很大的挫败——创办《管理学家》杂志。当时我们雄心勃勃，却最终铩羽而归，300万元投资款血本无归。在很长一段时间里，我都将这段经历归入"无用功"的类别，认为它与我后来在知识付费领域取得的成果毫无关联。

确实，从表面上看，我现在从事的事业主要得益于三个能力的叠加：主持人的表达能力、大学老师的讲解技巧，以及辩手的逻辑思维。这似乎与那本失败的商业杂志毫无瓜葛。就连我自己也一度这样认为，直到某个顿悟时刻的到来。

那个顿悟是关于商业模式的选择。有一天我突然意识到，我现在采用的"365元订阅一年"的会员制模式，其灵感源头正是来自当年那本杂志的订阅机制。虽然《管理学家》在商业上失败了，但它让我深刻理解了订阅模式、内容付费的价值和运作逻辑，这种理解已经融入我的商业基因。本质上，我现在做的依然是一本"杂志"，只不过载体从纸张变成了音频、视频，内容从管理学文章变成了书籍解读。

这个发现让我重新审视失败的意义。那300万元"学费"买来的，不仅是一个商业教训，更是一种思维模式。如果真有"上帝之手"可以修改我们的人生剧本，可能大多数人都会选择删去那些痛苦的失败经历。但如果真的这样做，我很可能会走上另一条路——听信当时流行的"免费模式"论调，最终陷入无法变现的困境。正是这段失败的经历，让我在众多商业模式中，一眼就认出了最适合自己的那一个。

失败在迭代过程中的价值，常常是隐性的、滞后的。它不会立即带来回报，却会在某个意想不到的时刻，为你提供独特的视角和解决方案。那些看似浪费的时间和金钱，实际上是在为未来的突破积累必要的认知资本。每一次失败都在重塑我们的思维框架，让我们在下一次尝试时能够避开已知的陷阱，发现新的可能。就像学习骑自行车时的每一次跌倒，都在无形中调整着我们的平衡感；创业路上的每一次失败，都在塑造着我们的商业直觉。

失败不是成长的断层，而是隐藏的踏脚石。迭代不是避开失败，而是从失败中萃取价值；不是追求直线上升，而是在曲折前进中积累势能。真正的成长，往往就藏在我们最想删除的那些经历里。

当然，迭代的过程必然是艰难的，如果没有足够的热爱，人很容易在挫折面前放弃。真正值得迭代的事，一定是那些你发自内心热爱、再难也要去做的事。

没有人能保证迭代一定会带来世俗意义上的成功，但如果你做的事情本身让你充满热情，哪怕最终没有"成功"，这个过程也足够有意义。就像真正的科学家不会因为某次实验失败就放弃研究，真正的作家不会因为某本书销量不佳就停止写作——迭代的真正动力，来自内在的热爱，而非外界的认可。

领导者必须引领员工成长

企业真正赚取的是员工成长的红利

在探讨了成长的不可复制性与持续迭代的内在逻辑后，我们逐渐触及一个本质命题：领导力的真谛究竟是什么？我们会发现，领导力的核心其实很简单——在实现自身持续迭代的同时,引领员工不断成长。这不仅是一种管理职责,更是组织在复杂环境中生存发展的关键所在。

为什么领导者必须将引领员工成长放在如此重要的位置?这个问题的答案,要从组织发展的底层逻辑说起。

在商业世界中,关于企业赢利本质的讨论从未停止:有人说是赚认知的钱,有人说是赚信息差的钱,甚至有人开玩笑说是赚"别人的钱"。但剥开这些表象,我们会发现真相:企业真正赚到的是员工成长的红利。

企业发展的本质动力,常常被简单归结为战略布局的巧妙、资本运作的精明或技术创新的领先。这些因素当然很重要,但如果深入分析,我们会发现:所有战略、资本和技术的背后,站着的永远是人。组织的跃迁,归根结底是人的跃迁。

一个组织的边界,本质上是由其成员的成长

边界决定的。当企业仅仅依靠创始人的智慧或偶然的市场机遇时，其发展天花板触手可及；而当整个团队都保持进化的姿态，从个体到群体形成持续迭代的成长飞轮时，企业才能真正突破规模瓶颈。

这种成长红利具体是如何产生的？我们可以从三个维度来理解，如图 2-2 所示。

图 2-2 成长红利的产生

首先是专业能力的复利增长。当员工在一个领域持续深耕时，其专业能力不是呈线性增长的，而是会呈现为加速提升的曲线。就像程序员写代码，前三年可能进步缓慢，但当基础打牢后，后期的成长速度会越来越快。其次是协作网络的乘数效应。当团队中每个人都处于成长状态时，彼此之间的知识交流和能力互补会产生 1+1>2 的效果。最后是创新文化的涌现。持续成长的组织会自然孕育出创新文化，这种文化又反过来使每个人加速成长，形成正向循环。

观察那些历经市场周期仍能持续发展的企业，我们会发现，它们都对员工成长红利有着深刻的认知和系统的开发。无论是华为的"力出一孔，利出一孔"，还是阿里巴巴的"平凡人做非凡事"，都是通过激发员工在各自领域不断突破能力边界来获得组织竞争力。

在这些优秀企业里，我们能看到每个岗位上的员工都在进行着从"执行者"到"创造者"的蜕变。这种蜕变不是一蹴而就的，而是通过持续的学习和实践逐步实现的。生产线上的工人不再只是机械地重复操作动作，而是持续观察和优化工艺流程；销售代表不再简单地背诵产品话术，而是深入理解客户需求并提供定制化解决方案；技术工程师不再被动等待任务分配，而是主动探索技术创新可能。最终，员工的点滴进步，就像无数溪流汇成江河，形成推动组织发展的强大势能。

微软的转型故事就诠释了这一过程。萨提亚·纳德拉接任CEO时，微软正陷入创新困境。纳德拉没有选择大刀阔斧重组，而是通过培养"成长型思维"，激发每个员工的创新潜能。短短几年间，微软不仅重获市场领导地位，更在云计算、人工智能等新领域取得突破。这个转型的核心不是战略调整，而是员工思维方式和能力的集体进化。

在这个意义上，领导力的意义不是带领团队达到某个具体目标，而是培养出能够不断成长的团队。当领导者通过自己的领导力点燃每个人内心的成长之火，并让这些火焰共同照亮组织前行的道路，组织就获得了持续进化的生命力。这种生命力不会因市场波动而衰减，不会因竞争加剧而枯竭，因为它植根于人性中最宝贵的特质——永不止息的成长渴望。

员工的成长潜力无法预估

领导者必须将引领员工成长作为使命，这源于一个根本性的管理困境：员工的成长潜力无法预估。

在组织发展与人才培育的过程中，我们常常陷入一个认知误区——自以为能准确判断一个人的成长潜力与未来成就。这种判断往往建立在其当下的表现与已知的能力之上，却忽略了成长最本质的特性——非线性发展。

很多领导者都遇到过"看走眼"的情况：某个在团队中表现平平的员工，离开后却取得了令人惊讶的成就；或是被寄予厚望的"明日之星"，却泯然众人矣。在我的创业历程中，就曾经历过这样的误判。曾经有一位员工，在团队中的表现始终不温不火，做出的成绩也乏善可陈。按照常规的人才评估标准，他显然不属于高潜力群体。然而离开团队后，他创立了一家估值数十亿元的公司。反观一些当时被我看好的"种子选手"，最终的发展却不如人意。这样的经历让我深刻认识到，人的潜力就像冰山，我们所能观察到的永远只是浮出水面的那一小部分。

这种现象在商业领域也很常见。谷歌早期曾拒绝收购Facebook，微软曾错过投资谷歌的机会，这些商业史上的经典案例都说明，即使是最专业的评估者，在面对成长中的事物时，判断也常常失准。这不是因为评估者不够聪明，而是因为成长本身就是一个充满不确定性的复杂系统。

为什么会出现这样的现象？根源在于成长的非线性特征。就像前文讨论的幂次曲线，人在成长过程中往往会经历漫长的积累期，表面上看不到明显进步，实则内在能力正在悄然积累。当这些积累突破某个临界点时，就会呈现出爆发式的成长。而这样的转折点何时到来，以何种形式呈现，往往是无法预知的。

在组织环境中，这种非线性特征更加复杂。员工的成长不仅取决于个人努力，还受到团队互动、项目挑战、领导风格等多重因素影响。一个在团队中非常平庸的员工，换了一个团队可能就如鱼得水；一个在当前岗位束手束脚的员工，换到新岗位也可能大放异彩。

这解释了为什么传统的人才评估方法常常失效：我们习惯于用当下的表现预测未来，却忽略了每个人都有自己独特的成长节奏和爆发时机。

成长的非线性特征所带来的不可预测性，构成了现代领导力的一大挑战——领导者无法预知哪位员工会突破、何时突破、以何种方式突破。这要求领导者应从"评估者"转变为"培育者"，把引领员工成长置于战略核心，并创造能够滋养各种成长可能的组织文化。

在实际管理中，要摒弃非黑即白的人才判断。人不是固定不变的，而是在与环境互动中持续进化的有机体。今天的表现不佳可能只是阶段性的不适应，明天的突破可能来自某个意想不到的契机，因此，不要过早地对一个人的未来下结论。

要一视同仁地给予每个员工成长的机会。既然我们无法准确预判谁的潜力更大，也无法预知哪些员工会在哪些领域突破，那就不要基于当下的表现给员工贴标签，而要给予每个人相对平等的发展空间，创造让各种人才都能试错和成长的环境，并为他们构建多元化的成长通道，帮助他们发现自己的可能性。就像培育一片森林，重要的不是挑选哪棵树苗会长得最高，而是创造适合各种树木生长的生态环境。谷歌著名的"20%时间"政策（允许员工用20%工作时间从事自主项目）就孕育了Gmail等创新产品；3M公司鼓励技术人员用15%的工作时间探索个人创意，由此诞生了便利贴等革命性产品。这些案例证明，当组织提供足够的探索空间时，员工的成长往往能超出预期。

最重要的是，要相信每个人都有突破的可能。历史上许多重大创新都来自"边缘人"——那些不被主流看好的思考者与实践者。保持组织的开放性与包容性，就是在为这种突破性成长创造可能性。

领导者或许永远无法准确预测谁的未来更加光明，但可以选择成为每个员工成长路上的支持者和见证者。在这个过程中，领导者不仅塑造着他人的可能性，也在丰富着领导力的含义——不是评判谁值得培养，而是让每个人都值得被培养。

这种领导力在快速变化的时代尤为重要。当技术迭代加速、市场格局剧变时，唯一持久的竞争优势就是组织的集体学习能力。那些能够接纳成长的不确定性，并为员工提供持续进化空间的领导者，往往能激发出远超预期的创新活力，因为人的潜力永远比我们想象的更大。

你可以为员工成长加速，却不能代替他们成长

之所以把引领员工成长当成领导力的要义，还有一个重要的原因，那就是领导者不能代替员工成长。

很多领导者总是想代替员工成长：他们担心团队犯错，所以事无巨细地指导；害怕项目失败，所以事必躬亲。这种管理方式短期内或许能减少失误，长期却会培养出不敢决策、不愿负责的团队。就像过度保护的父母会养育出缺乏独立性的孩子，过度干预的领导者也会带出缺乏主动性的团队。

我们必须认识到，领导者可以通过创造有利条件、提供必要资源、搭建多元平台、给予关键指导等方式为员工的成长加速，但永远无法代替员工自身成长。

成长必须由内而外发生。就像种子破土而出需要自身生命力的驱动，员工的成长也必须源自内心的觉醒与渴望。领导者可以为每个员工创造最适合其发展的环境与条件，但这些外部条件必须通过员

工内在的转化才能真正发挥作用。这种转化的过程——将知识内化为能力，将经验升华为智慧，是任何外力都无法替代的。

只有认识到"成长不可替代"这一事实，我们才会对领导力的本质有更深刻的理解——真正的领导力不在于控制与塑造，而在于释放与激发；不在于给予多少指令，而在于创造多少可能。

值得注意的是，这种领导方式需要极大的耐心和克制。它要求领导者抵抗住"立竿见影"的诱惑，接受成长过程中的不确定性和反复。优秀的农夫知道作物的生长有其自然规律，过度的干预只会适得其反，领导者也需要这种智慧，尊重每个个体的成长主体性，给予个体成长足够的空间和时间。

这种认知的转变，不仅会解放员工，使员工从被动的接受者变为成长的主体，也会解放领导者自己，使领导者从"全能塑造者"的压力中解脱出来，专注于真正重要的工作——构建让每个人都能蓬勃发展的组织生态。当领导者不再试图代替员工成长，而是为不同特质的员工提供个性化支持和足够的包容空间，允许每个人按照自己的节奏突破成长时，组织才能真正形成人才辈出的良性生态。

在这个意义上，优秀的领导者不是站在团队前面的指挥者，而是站在团队背后的赋能者。领导力的意义也不在于让自己变得多么强大，而在于让团队成员变得强大。当组织中的每个成员都能在适宜的环境中持续进化时，由此产生的集体智慧将成为组织最持久的竞争优势。

在变化的环境中,始终如一地坚持基本原则。就像航海中的罗盘,无论风向如何变化,始终指向北方。

CHAPTER 3
第 3 章

引领员工成长,领导者要拥有值得追随的品质

引领员工成长的前提，是让领导者成为值得追随的人，让员工能够、愿意被领导者所影响。这种影响力不是来自职位赋予的权威，而是源于领导者内在品质所散发出的感召力。其中，乐观、谦虚与公正构成了领导力的三大支柱，它们共同塑造着领导者引领他人成长的能力边界。

乐观不是盲目自信，而是基于理性认知的积极信念。乐观的领导者能够透过眼前的困难，看到团队成长的可能性。他们像探照灯一样，为员工照亮前进的道路，即使在最艰难的时刻，也能帮助团队保持前行的勇气。这种乐观不是虚假的鼓舞，而是建立在对员工潜能的深刻认知之上——相信每个人都有突破现状的可能，相信团队能够共同创造更好的未来。当领导者展现出这种建设性的乐观时，员工会自然而然地被感染，愿意走出舒适区，尝试成长。

谦虚不是示弱或妥协，而是对认知局限的清醒认识。真正有影响力的领导者都明白，自己不是真理的垄断者，而是与员工共同探索的同行者。谦虚使领导者能够放下"全知全能"的伪装，坦然承认自己的局限，这种真诚反而会赢得员工更深的信任。当领导者展现出学习者的姿态时，实际上是在向团队传递一个强有力的信息：成长是每个人的终身课题。更重要的是，谦虚的领导者善于发现并认可员工的闪光点，他们不会将团队的成功全部归功于自己，而是乐于让自己成为员工才华的放大器。这种姿态创造了心理安全的环境，使员工更愿意接受挑战、尝试创新。

公正是领导力的基石，是组织效率的核心。在员工成长的道路上，没有什么比偏袒和不公更能摧毁领导者的影响力。公正的领导者像精准的天平，能够客观评估每个人的贡献与潜力，给予员工与其表现相匹配的发展机会。他们制定的规则清晰透明，适用于团队中的每个人，包括领导者自己。这种可预测的公平感，使员工愿意投入努力，因为他们确信付出会有公正的回报。更重要的是，公正创造了健康的竞争环境，让真正有潜力的员工能够脱颖而出，而不是被办公室政治所埋没。

领导者的价值，不在于自己多强大，而在于能让多少人因自己而强大。乐观为团队描绘值得追求的未来，谦虚创造共同成长的心理空间，公正确保成长机会的合理分配，这三者共同构建了"值得追随"的领导力内核。

当领导者具备这些品质时，员工不是被迫服从，而是自愿追随；不是被动接受安排，而是主动寻求成长。这种基于内在认同的影响力，远比职位权力带来的顺从更为持久和深入。

乐观让团队相信可能性、追求卓越

乐观是被忽视的科学精神要素

领导力的核心在于让自己和他人成长,而乐观是领导力的底层密码。这不是心灵鸡汤,而是由多方面原因所决定的,其中一个原因或许会让你惊讶:乐观是科学精神的一部分。

很多时候,我们误解了科学精神的本质。一提到科学精神,大多数人脑海中浮现的是严谨的实验和冰冷的数字。这些确实是科学精神的表象,但远非其全部。真正的科学精神包含着一种看似与科学矛盾的特质——乐观。这种乐观不是盲目自信,而是一种基于人类认知边界的深刻理解,是推动科学实现突破的内在动力。

科学精神的核心通常被概括为批判性思维、理性分析和可证伪性等。这些核心确实重要,它们像精密的筛子,帮助我们从纷繁复杂的现象中筛选出真实可靠的因果关系。在人工智能时代,这种筛选能力尤为重要——如果你没有独立思考的能力，不仅无法判断人工智能给出的答案是否正确，甚至连验证答案正确与否的意识都不会产生。然而，这种筛选能力只是科学精神的工具层面，它无法解释为什么人类要孜孜不倦地探索未知。牛顿、爱因斯坦，哪一个不是殚精竭虑研究了一辈子？支撑他们持续钻研下去、不断实现突破的，就是相信事情一定能够做成的乐观主义。

这个颠覆性的洞见是我在读《第三个千年思维：重新理解世界的思想、工具和方法》这本书时的收获。这本书给了我们一个全新的视角：在诸多科学精神要素中，乐观是唯一带有非理性色彩的特质。这与大多数人对科学的理解相左——科学不是应该纯粹理性、去除所有自欺欺人的成分吗？其他科学方法都致力于消除主观偏见，唯独乐观主义保留了一丝必要的"非理性"——它相信理论上可能发生的事情，实际上必定能够实现。这种信念无法用纯逻辑证明，却构成了科学进步的心理基础。

人类飞行梦想的实现完美诠释了这一点。在古代，翱翔天空只是神话传说，是凡人不该觊觎的神之领域。但正是那些拒绝接受现状的乐观者，将不可能变为可能。今天，飞机已成为最主要的交通工具之一，十几个小时就能跨越半个地球。这种变革是乐观主义者打破认知边界的成果。从达·芬奇的飞行器草图到莱特兄弟的第一次受控的动力飞行，再到现代航空工业，每一步跨越都凝结着"不理性"的坚持。

科学史上的重大突破有时始于大胆的猜想。费马大定理就是一个典型案例。17世纪法国数学家皮埃尔·德·费马在《算术》一书的页边写下了一个看似简单的命题，声称发现了一个"真正美妙的证明"，只是页边空白太小写不下完整的证明过程。这个极难证明的猜想困扰了数学界三百多年，无数顶尖头脑为之绞尽脑汁。直到1994年，英国数学家安德鲁·怀尔斯才最终完成证明，此时距离费马提出猜想已经过去了358年。

358年是什么概念？它意味着十几代数学家前赴后继地投入一个可能永远无解的问题。想象一下，如果第一代研究者觉得"这个问题太难了，肯定证明不出来"就放弃，那人类数学知识就会缺少重要的一块。

试问今天有谁能为一件事持续思考一个礼拜而不放弃？现代人的注意力被碎片化信息切割得支离破碎。十分钟解不开的谜题就会轻易放弃，魔方玩不过三分钟就丢在一旁，填字游戏看两眼就转向手机。我们生活在一个追求即时满足的时代，耐心成为稀缺品质。

真正的科学家则展现出截然不同的时间尺度。他们能够将一生奉献给一个问题，在漫长的黑暗中保持对光明的信念。数学家格里戈里·佩雷尔曼花费约八年时间闭门证明庞加莱猜想，最终解决了这个百年难题。这背后是对科学必然进步的笃定。

有人可能会问：如果一个问题想不出答案，难道要死磕一辈子吗？当然不是。牛顿研究微积分期间也曾转向炼金术和货币问题，但他始终未曾放弃数学研究。关键在于不是彻底放弃，而是将暂时的不顺视为中场休息。

当然，我们在这里所说的乐观主义与日常生活中的盲目乐观有着本质区别。乐观主义不是无视困难的盲目自大，而是充分认识挑战后的主动选择。科学家清楚知道前路艰险，但依然选择出发。爱迪生试验灯丝材料，失败了上千次，却将每次失败视为一种发现不适合材料的方法。这种将挫折重构为进步的思维方式，是乐观主义的精髓所在。

AI的发展历程同样印证了这一点。从图灵提出"机器能思考吗"的设问，到今天的深度学习革命，其间经历了多次资金枯竭、兴趣消退、前景无望的"人工智能寒冬"。但总有一批研究者坚信这个方向的价值，在寒冬中坚持积累。正是他们的乐观坚持，才迎来了今天人工智能行业的繁荣。

这种乐观精神不应该被局限在实验室里。创业者面对市场不确定性时，教育者面对学生成长困境时，艺术家面对创作瓶颈时，都需要科学家的那种乐观精神：相信问题有价值，相信努力有意义，相信突破有可能。

尤其是领导者，既要看到眼前的困难，也要相信团队能够克服困难。就像科学家做实验一样，重要的不是一次次的失败，而是从失败中学习，持续改进。一个总是说"这不可能"的领导者，带的团队可能什么新东西都做不出来；而相信"我们一定能找到办法"的领导者，往往真的能带领团队找到突破的方法。

乐观能构建公司内的非对称交易结构

领导者之所以需要具有乐观的品质，还有一个非常重要的原因是乐观能构建非对称交易结构，这种结构是现代商业社会高效运转的基础。

要理解这一点，我们需要从有限责任公司制度这种重要的公司制度说起。

有限责任公司制度是人类经济史上最伟大的发明之一，它本质上就是一个典型的非对称交易结构。在这种制度下，创业者承担的风险是有上限的，最多损失注册资本；而可能获得的收益却是没有上限的。这种风险和收益的不对称分配，创造了惊人的经济活力。

想象一下，如果没有这种制度，创业者要承担无限责任，一旦失败可能倾家荡产，甚至祸及子孙，谁还敢轻易创业？恐怕只有最鲁莽或最绝望的人才会选择创业。中国明清时期的晋商实行无限责任制，虽然强调"信义"，但客观上限制了商业发展。相比之下，现代有限责任公司制度解放了企业家的创新精神，推动了经济腾飞。

这种非对称交易结构的出现就是基于乐观主义：大多数人都是诚实守信的，少数骗子的存在不应该抑制整体经济的活力。

有限责任公司制度最初出现时，引发了巨大争议。很多人担心这会成为"骗子的天堂"：创业者可以轻易卷款跑路，只需放弃少量注册资本。确实，在美国历史上，这种情况时有发生。但历史证明，绝大多数人不会选择成为骗子，因为正常人都希望在社会上体面地生活，而不是成为亡命之徒。正是因为有这种乐观精神，有限责任公司制度最终被广泛采纳，成为现代市场经济的基石。

非对称交易结构背后蕴含着深刻的经济学原理，我们可以用生活中常见的一个例子来理解。很多时候，堵车不是因为前方发生了交通事故，而是因为刹车的加速度远大于起步的加速度。那些自以为技术高超、频繁变道的"老司机"，每次变道都会迫使后车急刹，这种刹车效应沿着车流不断向后传导，最终形成大规模拥堵。造成严重堵车的往往不是新手司机，而是"老司机"。同理，在经济活动中，如果"刹车"（风险规避）的加速度大于"油门"（创新进取）的加速度，整个系统就会停滞。

将这个原理应用到企业管理中，我们会发现每个组织内部都存在两股力量：一股推动创新和行动,另一股防范风险和失误(见图 3-1)。

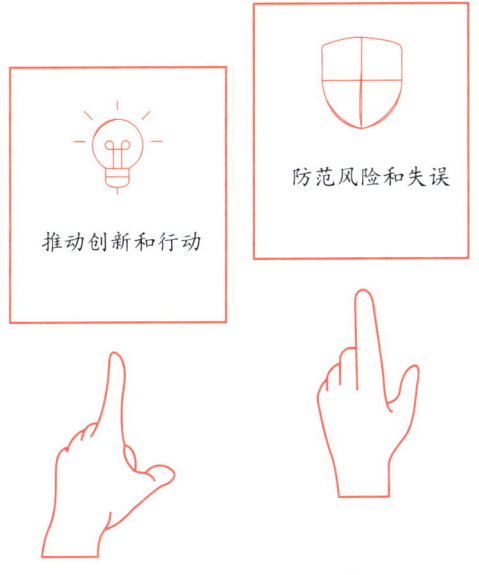

图 3-1　组织内部的两股力量

传统管理强调"责权相当",认为权力和责任应该完全对等。但这种对等实际上会导致组织瘫痪,就像加速度相等的两股力量互相抵消。真正有活力的组织需要构建适度的不对称性——在鼓励创新方面给予更多空间,在风险控制方面保持必要约束。

现代企业管理中，像 Netflix、英伟达这样的创新型企业都具备类似理念。它们赋予员工较大自主权，很多项目不需要层层审批就能启动。当然，这可能导致个别资源浪费的现象，但整体上激发了巨大的创新活力。

如果要求每个项目都必须成功，否则就要追责，结果只会是无人敢做任何尝试。这不是说应该纵容错误，而是要在容忍合理失误和防范系统性风险之间找到平衡点。

过度强调风险控制往往适得其反。明朝的锦衣卫制度就是一个典型案例。最初朝廷设立锦衣卫是为了加强统治，但当锦衣卫权力过大导致腐败后，朝廷为了监督锦衣卫设立了东厂，为了监督东厂又设立西厂，接着是内行厂……监督体系层层加码、不断膨胀，最终反而成为最大的问题源头。

这种"用监督来监督监督者"的恶性循环，在很多现代企业中也能看到影子：为了防范风险设立新部门，为了监督新部门又设立更新的部门，最终陷入官僚主义的泥潭；为了防止某个漏洞制定新流程，新流程又产生新的漏洞，于是再增加更多流程，导致组织机构臃肿不堪。随着组织层级越来越多，规章制度越来越繁杂，流程越来越低效，真正有才能的人选择离开，留下的是那些擅长应付规则的"职场生存专家"。大学里的科研人员被各种报表困扰，企业中的创新人才被流程束缚，都是这种"逆向淘汰"的表现。

应对复杂系统的正确方法不是简单增加控制，而是引入"受控的随机性"。固定地点、固定流程的检查就容易被人钻空子。某地车管所的验车制度就是个反面教材，验车过程完全可预测，导致"车虫"丛生，再破的车花500元也能通过。

企业管理也是如此，与其制定越来越多的事前审批流程，不如建立完善的事后抽查机制。这样既能保持组织活力，又能有效控制风险。抽查的关键在于随机性，让员工知道可能被检查，但不知道何时、如何检查。这种机制下，好人不受干扰，坏人不敢妄为，达到了精准防控的效果。

这种管理哲学还可以延伸到社会层面，比如法治与道德的关系。法治的运行机制也具有非对称性交易结构的特征，它设定一个底线标准，只要不违法就是安全的；而道德的要求则没有上限。过度强调道德会导致人人自危，因为道德评判往往主观且多变。

一个典型的对比是：法治社会允许企业家在法律框架内大胆创新，即使某些做法可能引起道德争议；而道德至上的社会则可能因为舆论压力扼杀创新。健康的营商环境应该是企业家能够明确知道什么可以做、什么不可以做，而不是随时担心因为"不符合某些人的道德标准"而受罚。

当前中国正在讨论的个人破产制度也是同样的道理。如果没有个人破产制度，创业失败可能意味着终身负债，这种对称的风险收益结构会抑制创新活力。试想，当创业者因经营不善而深陷债务泥潭、难以翻身时，不仅其个人的二次创业意愿会深受打击，那些潜在创业者的创业热情也会因此受到抑制，从而最终削弱整个社会的创业动能。

允许个人破产不是鼓励欠债不还，而是给诚实的失败者一个重新开始的机会。美国硅谷的创业文化中就有一条重要经验："快速失败，廉价失败。"很多成功企业家都有过破产经历，正是个人破产制度给了他们东山再起的机会。实施个人破产制度的地区，创业活跃度明显更高。

从更宏观的视角看，整个人类经济史就是不断优化非对称交易结构的历史。风险投资是最典型的例子：投资人承担有限损失（最多亏完本金），但可以分享企业成长的超额收益。这种结构吸引了大量资金来支持高风险创新项目，催生了无数科技巨头。

房地产行业的预售制、影视行业的票房分成、科技公司的股权激励，都是不同形式的非对称交易结构。它们的共同特点是：参与者承担有限风险，换取潜在收益机会。这种结构不是"空手套白狼"，而是风险与收益的优化配置，是推动商业创新的制度基础。

当我们深入思考这些管理实践时，会发现它们都符合一个基本原理：在复杂系统中，完全对称的控制会导致系统停滞，适度的不对称才能产生持续动力。

理解了非对称交易结构后，我们来分析乐观为什么能够构建非对称交易结构，关键在于，乐观能够重构风险与收益的关系。悲观者受限于风险规避的本能，往往陷入对称性陷阱——他们要求风险与收益必须严格对等，导致难以突破传统交易模式的局限。这种思维倾向于加强控制，结果往往形成封闭、保守的结构。而乐观者能够客观地评估风险与收益，相信多数人会做正确的事，从而构建了非对称交易结构，他们不追求完全规避风险，而是通过机制设计将风险控制在可承受的范围内，同时保留获取超额收益的可能性。

乐观构建的非对称交易结构的非对称性体现在以下三个方面。

第一，在风险承担上，乐观者相信系统性收益能够覆盖局部损失，因此敢于设定风险上限。

第二，在机会把握上，乐观者能看到潜在的超额收益，因此愿意承担适度风险。

第三，在时间维度上，乐观者相信长期价值，因此能够忍受短期波动。

作为领导者，要有足够的乐观来构建并善用这种非对称交易结构。具体而言，领导者需要在以下几个方面着力。

首先，在资源分配上设立"风险预算"，明确可以接受的风险额度。就像家庭理财要留出应急资金一样，组织也需要为创新预留"试错资金"。我们之前讲到的谷歌的"20%时间"就是一个典型的例子。

其次，建立差异化的考核机制。对于常规工作，要求高成功率；对于创新探索，则要容忍较高失败率。

再次，培养健康的容错文化。区分"值得尊敬的失败"和"需要批评的失误"，前者是认真尝试后的合理结果，后者是粗心大意导致的低级错误。对前者应该鼓励，对后者需要进行纠正。

最后，优化控制方式。减少事前审批，加强事后评估；减少固定检查，增加随机抽查；减少一刀切的规定，增加差异化的管理。这种"轻事前、重事后"的管理模式，既能防控风险，又能保持活力。

在充满不确定性的商业环境中，乐观的价值愈发凸显。通过构建各种非对称交易结构，乐观的领导者能够在约束与自由之间找到最佳平衡点，在控制风险的同时不扼杀创新，激发组织的最大潜能，让组织能够持续创新、健康发展。

在这个意义上，乐观已经成了关乎组织存续和发展的战略必需。那些能够将乐观融入组织血液的企业，必将在未来的商业竞争中占据独特优势。因为说到底，商业的本质就是一场关于可能性的游戏，而乐观主义者最擅长的，正是发现和创造可能性。

皮格马利翁效应：你的员工有可能成为你期望的模样

在探讨领导力的过程中，我们经常会忽略一个关键因素：领导者的期望对员工表现产生的深远影响。这种现象在心理学上被称为"皮格马利翁效应"。

皮格马利翁效应得名于古希腊神话中名叫皮格马利翁的塞浦路斯国王。他爱上了自己创作的象牙少女雕像，日夜祈祷女神阿芙罗狄忒赋予雕像生命。最终，他的真挚情感感动了女神，雕像真的变成了活生生的少女。这个古老的神话完美隐喻了现代心理学发现的这一现象：强烈的信念和期望确实能够使现实朝着符合该期望的方向发展。

皮格马利翁效应揭示了一个令人深思的事

实——人们往往会朝着他人期望的方向发展。这个发现不仅改变了人们对教育的理解，对于提升领导效能、优化团队管理也具有不可估量的价值。

皮格马利翁效应的发现源于20世纪60年代的一项经典心理学研究。美国心理学家罗森塔尔和雅各布森在一所普通小学进行实验，他们随机抽取部分学生，告诉老师这些孩子经过专业测试被认定为"天才"，具有非凡的智力。实际上，这些学生与其他同学并没有太大的区别。但是，在之后的跟踪调查中，这些被随机抽取的学生确实有了明显的进步。更令人惊讶的是，这种进步不仅体现在成绩上，连IQ测试分数都有所提高。这个实验在多个班级重复进行，结果高度一致，证实了老师的期望对学生表现的实质性影响。

这个现象背后的机制非常值得深思。当老师相信某个学生特别优秀时，会在不知不觉中给予其更多的关注、更积极的反馈和更高的期望，并通过一些微妙的信号传递给这些学生，比如一个鼓励的眼神、一次额外的耐心等待，或是对错误更宽容的态度。这些微妙的信号累积起来就形成了完全不同的成长环境，被寄予厚望的学生获得更多展示机会，得到更有建设性的反馈，承担更具挑战性的任务。在这种环境中，他们的潜能被充分激活，最终实现了预期的成长。

要理解皮格马利翁效应为什么这么强大，我们需要了解潜意识的运作方式。现代心理学研究表明，人类每秒钟通过感官接收约1100万比特的信息，但我们的意识层面只能处理其中的50比特。这意味着我们绝大部分的认知和信息处理都发生在潜意识层面。正是这种巨大的信息处理能力，使人们能够敏锐地感知他人对自己的真实态度和期望，即使这些期望从未被明确表达。就像一个经验丰富的警察能够凭直觉判断谁是小偷，或者专业教练能一眼识别运动员的潜力，这种判断往往不是基于有意识的分析，而是潜意识整合无数细微线索后得出的结论。

在职场中同样如此。员工能够感知领导者对自己的真实评价和期望，即使许多信息没有被明说。领导者的一个皱眉、一次语气变化、分配任务时的选择，都在无声地传递着期望。这些信号被员工的潜意识接收并内化，最终影响他们的工作表现和自我认知。虚假的表扬往往无效，因为人们的潜意识能够辨别真诚的期待和表面的客套。

在现代组织中，皮格马利翁效应表现为：当领导者真心相信员工能够胜任挑战时，这种信念会通过各种渠道传递给员工，最终往往能激发出超乎预期的表现。

但是，与积极的皮格马利翁效应相对，消极预期同样会产生"自证预言"的现象。当一个领导者内心认定某个项目注定失败或某个员工能力不足时，这种悲观态度会通过无数细微的方式表现出来：减少资源投入、降低参与热情、提前准备善后方案。这些行为实际上大大增加了失败的可能性，使最初的悲观预期成为现实。这种现象在商业史上屡见不鲜，许多本可以成功的项目因为领导者的怀疑态度而最终失败。

那些伟大的领导者往往深谙乐观精神的激励作用。在危机和挑战面前，领导者的乐观和期望往往比物质条件更具决定性。

将皮格马利翁效应应用于企业管理，需要领导者掌握一系列细腻的管理艺术。首要的是保持真诚的期待，但要注意的是，这种期待必须建立在客观评估的基础上，而不是空洞的鼓励。具体指出员工在某方面的特长和潜力，比泛泛的"你能行"更有说服力。

同时，要为员工提供适当的挑战，将信任转化为精心设计的成长机会。给有潜力的员工设置略高于当前能力的任务，并提供必要的支持和资源，更能激发他们的潜能。

当员工遭遇不可避免的失败和挫折时，重构意义至关重要。要把员工的挫折视为其学习和提升的机会，而不是其能力不足的证明。这种态度能帮助员工建立成长型思维，将挑战视为进步阶梯。

值得注意的是，绝大部分沟通是通过肢体语言、语调等非言语方式完成的。领导者必须确保这些"潜台词"与其口头表达的期望保持一致，任何细微的不协调都会被敏锐地感知到。

需要强调的是，皮格马利翁效应倡导的乐观并不是盲目自信。优秀的领导者需要在宏观层面保持必胜信念，在微观层面严谨务实。这体现在多个维度：相信团队整体能力的同时清楚每个成员的具体局限；对长期目标保持乐观的同时对短期困难做充分准备；给予员工充分信任的同时不放弃必要的监督机制。这种辩证的思维方式，是运用皮格马利翁效应而不陷入盲目乐观的关键。

当皮格马利翁效应在组织层面持续发挥作用时，就会形成一种独特的文化氛围。在这种氛围中，员工因为被信任而变得更值得信任，因为被期待卓越而真正追求卓越。这种正向循环一旦形成，就成为组织最宝贵的无形资产。营造这样的氛围需要系统性的努力：在人才选拔上更看重潜力而非完美履历；在管理过程中预留合理的试错空间；在绩效评估中建立基于成长的反馈机制；最重要的是，领导者要以身作则，持续展现发展型思维。

皮格马利翁效应带来的启示远超传统管理学的范畴，它触及了人类关系的本质：我们都在相互塑造和影响。在父母与子女、老师与学生、领导者与团队成员之间，这种微妙的相互塑造无时无刻不在进行着。这种塑造往往发生在潜意识层面，却产生了实实在在的效果。理解这一点，我们就能更自觉地运用这种力量：用真诚的期待取代怀疑，用建设性的反馈取代批评，用对潜力的信任取代对缺点的挑剔。

在管理中，这种基于期望的影响力可能是领导者最有力的工具之一。它不需要额外的预算投入，却能产生惊人的回报。当团队成员感受到领导者真诚的信任时，他们往往会展现出超乎自己想象的

主角模式

能力。这正是皮格马利翁效应给我们的最重要的启示：在某种程度上，我们确实能够通过改变自己的看法和期望，来影响他人的表现和成长轨迹。这种影响力既是领导者的特权，也是重大的责任。

领导者要有好脾气

有一点我们需要强调一下，那就是领导者的脾气是非常重要的。在上一节中，我们讲到领导者会释放各种信号向员工传递自己的期望。这就意味着，员工会密切地关注领导者的各种信号，并据此调整自己的行为。这种观察不是刻意的，而是人类与生俱来的生存本能。在原始社会，正确解读部落首领的情绪意味着生存机会；在现代职场，准确理解领导的好恶关乎职业发展。问题在于，员工对领导信号的解读常常会出现偏差。一个不经意的皱眉，可能被理解为强烈不满；一次正常的质询，可能被视为严厉责备。这种信号传递过程中的失真，在组织层级越多、规模越大时就越明显。当领导者对坏消息反应过激时，员工会本能地选择隐瞒问题、粉饰太平。久而久之，领导者就像被蒙上眼睛的巨人，看似强大，实则脆弱。

当传递坏消息的风险太大，而粉饰太平的收益明显时，组织的信息系统就会逐渐失灵。

曾国藩的转变极具启示意义。早年的他刚直不阿，脾气很大，结果处处碰壁；后来他研读老庄思想，学会和光同尘，反而成就了一番事业。这个转变的关键不在于原则的妥协，而在于沟通方式的优化。当他不再用激烈的方式表达时，别人反而更容易接受他的建议；当他不再苛责他人的缺点时，团队反而更能发挥所长。这种领导风格的转变，本质上是从"刚性控制"到"柔性影响"的升华。

脾气暴躁的领导者往往陷入一个恶性循环：越是严厉，员工越不敢直言；越是得不到真实信息，就越容易做出错误决策；决策失误导致业绩下滑，又进一步加剧了领导者的焦虑和暴躁。打破这个循环的关键在于领导者要有意识地控制情绪，特别是在面对坏消息时。这不是说要压抑所有情绪，而是要学会区分情绪表达和问题解决。可以生气，但不能因生气而影响判断；可以严厉，但不能因严厉而阻塞言路。

现代心理学研究表明，外部压力过大会抑制人的内在动机。当员工整天担心自己是否会触怒领导时，他们的注意力就会从"如何把工作做好"转向"如何让领导满意"。这种转变的代价是巨大的：创新停止了，因为创新意味着风险；坦诚减少了，因为坦诚可能招致责备；主动解决问题变成了被动等待指示。最终，整个组织会变得越来越机械、僵化，失去适应变化的能力。

这种现象在人才引进过程中尤为明显。候选人在面试时表现优异，入职后却表现平平，很大程度上是因为组织环境抑制了其才能发挥。在面试场景中，双方是平等交流，而一旦成为上下级关系，领导者的脾气和作风就开始影响员工的行为模式。一个过于强势的领导，会让员工把大量精力用在揣摩上意、规避风险上，而非专注于工作本身。

培养好脾气不是一蹴而就的，需要持续的学习和修炼。阅读经典是个好方法，《论语》教人"温而厉，威而不猛"，《道德经》主张"柔弱胜刚强"，《资治通鉴》则通过历史案例展示了情绪管理的得与失。这些智慧的共同点是：真正的力量来自克制而非放纵，来自包容而非排斥。当领导者能够超越个人好恶，以更平和、更开放的心态面对各种人和事时，组织的潜能才能得到最大释放。

在具体实践中，领导者可以从以下几个方面改善情绪管理。第一，建立信息反馈机制，减少对个人情绪反应的依赖；第二，区分问题的严重程度，对无心之失和原则性错误采取不同态度；第三，培养延迟反应的习惯，在情绪激动时不立即做决定；第四，拓宽信息渠道，避免被单一来源的信息所左右；第五，保持适度的幽默感，用轻松的方式化解紧张气氛。

值得注意的是,好脾气不等于没原则。优秀的领导者既要有春风化雨的亲和力,也要有坚守底线的决断力。两者的区别在于:前者是针对工作过程中的正常挫折,后者是针对价值观和原则问题。将两者混淆,要么会变得优柔寡断,要么会变得专横跋扈。

从组织发展的角度看,领导者的脾气实际上是一种"情绪气候",影响着整个团队的心理环境。在温暖、开放的气候中,员工敢于尝试、勇于担责;在寒冷、压抑的气候中,员工畏首畏尾、敷衍了事。这种气候会不断自我强化,最终塑造出完全不同的组织文化。

在这个充满不确定性的时代,好脾气更显珍贵。当市场波动、竞争加剧时,员工最需要的是稳定的心理预期。一个情绪稳定的领导者,就像风暴中的灯塔,能够给团队带来安全感和方向感。相反,一个喜怒无常的领导者,只会加剧团队的不安和混乱。

归根结底，领导者的脾气不仅关乎个人形象，更关乎领导力，关乎组织效能。那些能够成就伟大事业的人，往往不是靠雷霆手段，而是靠海纳百川的胸怀。有一句广为流传的话说："与其诅咒黑暗，不如点亮一盏灯。"好的领导者，就是那盏在黑暗中依然保持光亮的灯。

谦虚促使团队勇于尝试与创新

领导者要保持认知谦虚

商业世界崇尚自信与决断力，人们更习惯于赞美那些雷厉风行、充满魅力的领导者，却忽略了真正的领导力其实离不开一种简单朴素的品质——谦虚。这种看似与主流领导力形象相悖的品质，恰恰是领导力的支柱。

关于谦虚，我们先要厘清一个认知。如图3-2所示，谦虚可以分为两个维度：一是表面态度，即

主角模式

我们日常生活中的礼貌、谦让,这更多的是一种社交礼仪;二是更深层次的认知谦虚,它表现为对自身认知局限的清醒认识,对他人观点的开放态度,以及对不同意见的包容能力。在领导力的语境下,我们讨论的重点是后者,即认知谦虚。

认知谦虚
认识到自己的知识和理解的局限性

礼貌、谦让
表现出尊重和礼貌的行为

图 3-2　谦虚的两个维度

举个例子,我的大师兄、360 创始人周鸿祎以言辞犀利、锋芒毕露著称,常常在公众场合"炮轰"他人。从表面态度来看,你很难将他与传统的谦虚联系起来,甚至会觉得他不够礼貌。但是,深入接触过他的人都会发现,在认知层面他保持着难得的开放心态,只要对方的观点确实有道理,不论提出者是什么身份、什么地位,周鸿祎都能认真倾听、虚心接纳，并迅速去改、去做。这种不因人废言、专注于观点本身价值的思维特质，正是认知谦虚的典型表现，也是领导力中最珍贵的品质之一。

遗憾的是，像周鸿祎这样能做到认知谦虚的领导者并不多，更常见的是那些在权力光环中逐渐失去自省能力的领导者。我参加过一次团建活动，十几位员工与一位副主任级别的领导一起唱卡拉OK。在整整四个小时的活动时间里，这位领导手持麦克风连续不断地演唱，每当一首歌曲接近尾声时，就立即指示下属帮忙点播下一首。在场的其他员工全程没有获得触碰麦克风的机会，只能不断为领导鼓掌喝彩。最讽刺的是，活动结束后领导还表示"怎么没听到你们唱"，实际上其他人根本没有机会触碰麦克风。这种现象反映的不仅是个人修养问题，更是一种深层次的组织文化病态——权力导致的话语权垄断。

领导者要想拥有领导力，一定要以此为鉴，要保持认知谦虚。面对复杂多变的商业环境，没有任何领导者能够单凭一己之力做出完美决策。真正的领导力不在于展现领导者无所不知的形象，而在于能够汇聚集体智慧，激发团队潜能。谦虚不是软弱的表现，而是智慧的起点；不是权力的让步，而是领导力的升华。当领导者能够放下身段，以开放的心态倾听各方意见时，他们实际上获得了一种更强大的力量——让整个组织都成为自己大脑的延伸。这或许是谦虚这一古老美德在现代领导力中最深刻的价值所在。

谦虚能打开被语言锁住的沟通之门

领导者为什么要谦虚？这首先与语言的局限性有关。

语言是人类最伟大的发明之一，也是最危险的武器之一。我们在第 2 章讲到，语言具有割裂性，它只能近似地描述现实，永远无法完整地呈现体验的全部维度。当我们试图用语言描述内心感受或复杂概念时，总会有大量信息在转化过程中丢失。比如，你可以尝试着描述你对母亲的爱有多深，你会发现，这种情感体验几乎无法用语言准确传达。说"我爱你有三层楼那么高"显得过于幼稚，说"我爱你像海一样深"又太空洞，想来想去，你只会感慨自己的语言怎么这么贫乏。

信息失真还不要紧，最关键的是，语言的割裂性还会带来冲突与误解，让我们陷入痛苦中。比如，我们常常因为一个想法而心生芥蒂——"他看不起我"，这个想法可能源于对方的一个眼神、一个无心的动作，或是完全出于我们的想象，但一旦被语言定义，就变成了坚固的现实。对方可能完全摸不着头脑："我什么都没做啊"，但伤害已经造成。这就是语言创造的虚拟现实，它比客观现实更能影响我们的情绪和行为。

狮子吃饱后就安心睡觉，不会为明天的猎物发愁；人类却会为尚未发生的危机辗转反侧。这种

"不在场的痛苦"是人类独有的，它的载体就是语言。通过语言，我们能反复回味过去的伤害，能感受别人经历过的危险情境。语言让人类成为地球的主宰，也让我们成为焦虑的囚徒。

观察动物的通信系统，能更清楚地看到人类语言的独特性。猴子的警报系统只能针对眼前的威胁："老鹰来了"让它们抬头看天，"老虎来了"让它们爬上树梢。这些信号都指向此时此地的具体危险。但人类在约7万年前的认知革命中，发展出了描述抽象概念的能力——我们可以谈论看不见的事物，规划未来的行动，分享虚构的故事。

这一突破让人类能够组织大规模协作。当我们的祖先能说"明天我们去山谷围猎"时，就超越了其他动物的即时反应模式。语言成为组织工具、规划工具，最终成为文明构建的基础。但这也带来了相应的代价，我们开始为语言构建的虚拟现实而痛苦。失业、离婚、失败这些概念在自然界并不存在，却是现代人焦虑的主要来源。

"叛逆期"这个概念就是个典型例子。青少年寻求独立本是人类成长的必经阶段，但一旦被贴上"叛逆"的标签，就变成了需要纠正的问题。"早恋"也是一个被污名化的概念，在生理成熟的年纪产生的情感，为什么要被冠以"早"字？更讽刺的是"高考落榜"，这个短语把人生的一次选择变成了沉重的失败。

在工作中，这种语言陷阱更为常见。"他不尊重我""她太强势""这个团队没凝聚力"——这些标签式的判断往往掩盖了复杂的事实。一旦某个行为被贴上负面标签，我们就会选择性地注意那些符合标签的证据，而忽略相反的事实。

面对语言的这些局限，谦虚展现出独特的价值。认知谦虚不是表面上的客套，而是清醒地认识到我们的所有观点都通过有缺陷的语言媒介过滤，因此必然是不完整的。持有这种态度的人会意识到，"我认为"永远只是"我认为"，而不是绝对真理，从而以更宽容的心态看待分歧。那个"看不起我"的眼神，可能只是对方眼睛不舒服；那句"不负责任"的评价，可能源于不同的工作标准。谦虚让我们探寻语言背后的真实含义。

在沟通中，谦虚表现为几个关键特质：能够区分事实与诠释，比如意识到"他不尊重我"只是诠释而非事实；能够容忍模糊性，不急于用简单标签概括复杂现象；最重要的是能够承认"我可能错了"，这种态度能化解大部分人际冲突。

神经科学研究发现，当人们以谦虚的态度交流时，大脑中与防御机制相关的区域活动会减弱，而与共情相关的区域活动会增强。这意味着谦虚能真正打开沟通的通道，让我们超越语言的局限，触及对方真实的意图和感受。

在家庭中，这意味着不轻易给孩子贴标签，而是试图理解其行为背后的需求；在职场中，这意味着不急于给同事下定论，而是先了解他的完整背景；在社会交往中，这意味着不因片言只语否定一个人，而是保持开放的态度。

在商业环境中,这种基于谦虚的沟通尤为重要。一个能说"这个我不懂,需要请教各位"的领导者,往往比那些假装全知全能的管理者更能获得团队的认可与支持。

语言是人类文明的基石,也是人际冲突的温床,而谦虚就像一把钥匙,能帮我们打开被语言锁住的沟通之门。当我们认识到自己认知的局限,承认语言表达的不足,就能超越词语的表层意义,触及更深层次的理解。这或许就是解决人类沟通困境的根本之道——以谦虚之心,穿越语言的迷雾,抵达真实的彼岸。

谦虚是放下"我执"的开始

深入探讨谦虚之于领导者的重要性,我们会发现:我们的大多数痛苦都源于对"自我"概念的过度执着。这种执着在日常工作中表现为各种防卫性反应:当有人批评我们的工作时,我们的第一反应是反驳；当有人提出不同意见时，我们往往会非常抵触；当有人质疑我们的决策时，我们会感到被冒犯；当项目遭遇挫折时，我们会过度自责；当团队取得成就时，我们又容易居功自傲。这些看似本能的反应，其实是同一个根源：我们把那个被称为"我"的概念看得太过真实和重要了。

这种"我执"造成了一个奇特的领导力困境：越是努力证明自己的价值，反而越难获得真正的领导力；越是执着于维护个人形象，团队反而越难形成凝聚力。就像紧握的拳头无法抓住流水，紧绷的自我意识也难以容纳真正的领导智慧。而谦虚恰恰是放下"我执"的开始，是让领导力自然流动的前提。

其实，我们执着的那个"我"并不如想象中那般重要。"樊登"只是一个名字，即使有人对其有所非议，也没必要为之拼死拼活；"我的荣誉"不过是特定条件下得到的暂时评价；"我的地位"本质上都是因缘和合的暂时现象，不必过于看重。

"我"只是一个暂时的概念，就像舞台上的角色，戏演完了，角色也就不存在了。

这种"我执"的破除有着坚实的科学基础。现代物理学告诉我们，我们以为坚固不变的物体，本质上都是由不断运动的原子以特定方式组合的暂时结构。比如，组成一张桌子的原子与构成我们身体的原子并无二致，只是以不同的方式排列组合，它们最终还会分散，重新组合成其他形态。

物理学进一步揭示了物质世界的空性。实际上，我们从未真正"接触"过任何物体——我们看似坐在椅子上，实则与椅子之间永远隔着电子云之间的斥力，所谓触感只是电磁力的相互作用，粒子之间永远保持着距离。X射线和中微子可以轻易穿透人体，证明我们以为的"实体"其实充满空隙。位于地下700米的江门中微子实验室捕捉到的"幽灵粒子"，更是能够穿越整个地球而不受阻隔。执着于固定不变的"自我"概念，本质上是一种根深蒂固的认知错觉。

我们究竟在为什么而烦恼，又在为什么而执着？我们的得失荣辱真的有那么重要吗？在浩瀚的宇宙和历史长河中，我们的烦恼其实不过是沧海一粟。

将这种"无我"的智慧应用于日常生活，会产生奇妙的心灵解放效果。当批评来临时，我们不再那么容易被冒犯，因为被冒犯的"我"本身就是一个流动的概念；面对未来的不确定性时，我们可以不再那么焦虑，因为构成未来的原子尚未组合成形。这种认知转变对领导者尤为重要——那些因"我很重要"而产生的愤怒、焦虑和防备会自然消解，我们不再需要刻意维护某种形象，也不再为"凭什么这样对我"而耿耿于怀。当我们放下自我防卫时，我们与他人的沟通反而会更加顺畅自然。

经常有人问我，我采访了那么多名人，为什么一点也不紧张？答案很简单：我不需要假装成为另一个人。无论是面对明星还是普通人，我都保持同样的态度。这让我想起那些真正成功的企业家，他们往往能够以最平常的方式与人交流，因为他们不需要通过别人的认可来证明自己。这种态度正是放下"我执"的表现——回归本真，就事论事，不被贪嗔痴等情绪左右。

放下"我执"后，我们会把注意力聚焦于真正有意义的事情，而不是关注自己的是是非非。《为什么越无知的人越自信：从认知偏差到自我洞察》这本书揭示了一个有趣的现象：人越是不懂，越容易盲目自信。这解释了为什么网络上的"键盘侠"总喜欢在道德层面指手画脚，因为这是他们自以为最有发言权的领域。没人会愚蠢到挑战刘翔的短跑成绩，却总有人认为自己在道德上高人一等。

孔子曾说过"夫我则不暇"——真正专注自身成长的人，根本没有闲工夫对别人品头论足。现代社会中的"吃瓜"现象，本质上是因生活空虚而寻求替代性满足。将生命浪费在评价他人、参与网络暴力上，这恰恰是缺乏自我价值的体现。谦虚的领导者把精力聚焦在真正重要的事情上：持续学习、提升能力、创造价值。这种聚焦所产生的内在充实感，远比外在评价更令人满足。

值得注意的是，这种"无我"的智慧与积极领导毫不矛盾。认识到"自我"的相对性，不是否定个人价值，而是为了更自由地发挥价值。就像优秀演员清楚角色并非真实的自己，反而能更投入地表演；卓越领导者明白职位与头衔不是本质身份，反而能更纯粹地为组织服务。这种"认真但不执着"的态度，正是领导艺术的精髓。

最终，谦虚的领导者会实现从"小我"到"大我"的升华。当我们不再为维护自我形象而消耗能量时，这些能量就可以用于更有价值的创造。这种状态下的领导者，不需要刻意表现谦虚，因为他们已经与更大的存在融为一体——就像大海不会刻意表现包容，天空不会刻意表现广阔一样。

金惟纯在《人生只有一件事》这本书中说得透彻：人生最重要的事就是"活好"。什么是"活好",就是成为别人喜欢相处、愿意追随、希望效仿的人。当领导者放下"我执",致力于"活好"时,无须刻意说教,影响力自然产生。孩子若真心敬爱父母,自会效仿其言行;员工若由衷钦佩领导,自会主动跟进。这种无须强求、自然生发的追随,才是领导力的至高境界。

谦虚能激发大脑的创造力

在有关领导力的讨论中,我们往往忽视了最根本的生理基础——大脑健康。现代脑科学研究揭示了一个令人警醒的发现:权力会改变大脑结构,而谦虚则能使大脑保持健康。这是领导者为什么要谦虚的另一个重要原因。

现代脑科学研究发现:权力欲会腐蚀大脑——当一个人长期沉浸在权力中,习惯性地以级别高低看待他人时,其大脑功能可能发生适应性改变。这是可以通过脑部扫描清晰观察到的生理变化。

这种"权力脑"的典型表现是：看人先看级别，做事先问地位，整个人活在一种僵化的等级观念里。心理学实验通过一个简单的分组测试展示了权力如何快速改变人的行为：仅仅告诉某些人"你是组长，待会儿要给组员打分"，这些人就会在吃点心的环节表现出更强的占有欲，拿更多的点心，甚至吃得满桌掉渣也不在意。就是这么一点微不足道的"权力"，就足以让人行为失态。这种变化发生得如此之快，以至于当事人完全意识不到自己正在变得自私。

在企业管理中，这种现象被放大后更为可怕：一位CEO可能会因为五年、十年的权力浸染，逐渐丧失同理心，变得刚愎自用，而他自己却坚信这是"领导魄力"的表现。

权力带来的腐蚀不止于此，它还制造了一种致命的认知偏差，使得地位越高的人，越容易误以为自己更聪明。CEO觉得自己比副总裁聪明，副总裁觉得自己比员工聪明，但实际上，真正的智慧往往来自对具体事务的投入时间，而不是地位的高低。一个员工可能在某项专业上钻研了几个月，而领导者只听了半小时汇报就做决策，这种信息不对称下的盲目自信，恰恰是许多错误决策的根源。

更可怕的是，这种权力错觉形成了一个恶性循环：领导者越觉得自己聪明，员工就越不敢承担责任；员工越不敢承担责任，领导者就越要事事插手。这在无形中培养了一种依赖文化，使员工把所有问题都推给上级决定，自己则机械地等待指示。结果是组织决策质量下降，创新能力萎缩，而领导者却疲于应付各种本不该由他处理的事务，整个组织陷入"领导累死、员工装死"的怪圈。更糟糕的是，一旦决策出错，责任完全落在领导者身上，因为"这是领导批准的"。

很多领导者觉得"离了我公司就转不动"，于是事无巨细都要过问。但事实上，公司规模超过10人后，领导者就不可能了解所有细节。强行掌控一切的结果，就是大部分决策都是在信息不全的情况下做出的"糊涂决定"。我的做法是：对于不熟悉的领域，直接说"不知道、不懂、别问我"。这不是推卸责任，而是给专业的人留出决策空间。公司里很多项目做着做着就停了，我也不会觉得是失败，这是在试错、在成长。作为领导者，最重要的不是证明自己有多能干，而是创造一个允许尝试、包容失败的环境。

"权力脑"的根源在于人类大脑的运作机制。要理解为什么权力会伤害我们的大脑，我们需要了解大脑中一个关键区域：前额叶皮质。我们可以把人类大脑简单分为三层：最里层是掌管呼吸心跳的"爬行动物脑"，中间层是产生情绪的"哺乳动物脑"，最外层则是前额叶皮质。

人类大脑与其他哺乳动物大脑的关键区别之一在于前额叶皮质的发达程度。这个神奇的大脑区域掌管着人类最高级的认知功能：想象力、好奇心、自控力和创造力。前额叶皮质发育得越良好，人就越能控制情绪、专注思考、保持好奇心。

但是，前额叶皮质的健康发育和功能激活需要适度的环境压力调控，慢性压力会损害其结构与功能。考古发现，人类大约在 100 万年前开始使用火，这让我们祖先的生活压力显著降低，不用整天担心被野兽吃掉，于是开始在山洞里画画、创作图腾。这些看似无用的活动，恰恰促进了前额叶皮质的飞速发展。这一发现颠覆了传统认知：不是压力促进智力发展，而是压力的适度释放为高级认知功能的发展创造了条件。法国山洞中的史前岩画不是生存必需品，而是前额叶皮质发展的副产品。

现代组织管理中的高压政策恰恰违背了这一进化规律。当领导者通过施压、吼叫、严格 KPI 等方式管理时，员工的大脑就会退化成"原始模式"，整天靠杏仁核做出"战斗或逃跑"的本能反应，前额叶皮质根本没机会发挥作用。这解释了为什么高压管理下的团队缺乏创造力——员工进行复杂思考的神经基础受到了抑制。

主角模式

这对教育也有着深远启示。很多家长错误地认为，压力才能催人奋进，于是习惯用吼骂的方式逼孩子学习。但是，一个长期处于压力下的孩子，前额叶皮质发育会受阻，整个人变得被动、麻木、缺乏创造力。

我儿子托福裸考108分，西班牙语无师自通，关键就在于我从不用学习破坏他的大脑健康。他喜欢英文rap就整天跟着唱，想看西班牙语菜单就主动去学——这种自发的学习力，都源于其未被破坏的前额叶皮质的功能。反观很多孩子，每天生活在"写作业—挨骂—抢手机—哭闹"的恶性循环中，大脑不断分泌压力激素，前额叶皮质停止发育，最终变成对什么都不感兴趣的"麻木人"。

神经递质系统进一步解释了这一现象。我们的每一个行为、每一种情绪，其实都受大脑中几种神经递质的调控，如图3-3所示。理解了这套"化学语言"，就能明白为什么有些教育和管理方式注定失败。

```
      肾上腺素                        多巴胺
      斗争激素                        学习激素



                    内啡肽
                    沉浸激素
```

图 3-3　影响人类情绪与行为的神经递质

多巴胺是"学习激素"，当我们做某事获得成就感时就会分泌，学习效率会因此获得显著提高。赌博、游戏之所以让人上瘾，就是因为它们设计了即时反馈的多巴胺奖励机制。讽刺的是，很多家长一边禁止孩子玩游戏，一边用"永远不满意"的方式扼杀了学习中的多巴胺——考了 98 分还要问"那 2 分去哪了"。结果就是学习变得毫无乐趣，孩子只能靠偷偷打游戏"续命"。

内啡肽是"沉浸激素"，当我们全心投入某件事时会自然分泌。很多家长把弹琴、运动这些本该快乐的事，都变成了充满批评的任务，从而损害了孩子分泌内啡肽的能力。

肾上腺素是"斗争激素"，长期高压环境会让肾上腺素水平居高不下。这就是为什么有些孩子会变得极度敏感，甚至同学"瞅一眼"就能引发冲突。更可怕的是，麻木是一种心理防御机制。当一个孩子长期挨骂又无力反抗时，他会先学会用"无所谓"来保护自己，但这种麻木是全方位的，最终会导致他对好事也失去了感受力，看大海不会觉得美，得奖也不会觉得开心，彻底变成一具无知无觉的"行尸走肉"。

理解这些神经递质的作用，就能明白为什么我和高二的儿子还能每天愉快聊天——我会有意识地让对话激发他的多巴胺和内啡肽，而不是肾上腺素的分泌。很多家长惊讶"孩子居然回我微信了"，殊不知这种亲子疏远，正是长期错误互动累积的恶果。

在管理中，多巴胺、内啡肽这些神经递质，远比任何绩效考核体系更能影响员工的表现。一个销售员签下大单时的兴奋，一个工程师解决难题时的愉悦，一个设计师完成作品时的满足……这些积极体验都伴随着特定神经递质的分泌，它们构成了工作内在奖励的基础机制。

但是，许多领导者无意中破坏了这套精妙的激励机制，通过过于细致的管理剥夺员工的自主感，通过苛责、批评削弱员工的成就感，通过高压政策制造焦虑感，这些做法都在毒害组织的神经化学环境。当组织环境压制这些积极神经递质的分泌时，员工既缺乏成就感，又无法享受工作过程，最终陷入"做一天和尚撞一天钟"的麻木状态，导致整体效能下降。有一位创业者曾困惑地对我说，尽管提供了行业顶尖的薪资，团队创造力却持续下降。深入观察后我发现，他事无巨细的管理风格让员工陷入持续防御状态，前额叶皮质的活动被抑制，创新潜能无从释放。

怎么改变前额叶皮质被抑制的状况？认知失调

理论为我们提供了思路。认知失调理论是社会心理学中的重要理论，指的是当人们的行为与信念不一致时，会产生一种心理不适，进而主动调整信念或行为来消除矛盾。这个理论如果运用得当，可以成为教育和管理的强大工具。

比如，如果一个孩子长期被逼着读书，突然有一天没人逼他，他却主动拿起书本，这时他就会经历认知失调——"没人要求，我为什么学习？"为了缓解这种不适，大脑会自动寻找解释，最终可能得出"原来学习挺有意思"的结论。但很多家长从不给孩子这种机会，他们把孩子的每一天都安排得满满当当，结果孩子永远没机会自主发现学习的乐趣。

同样的理论也适用于企业管理。如果员工每次提出想法都被领导否决，他们就会产生"反正说了也没用"的消极认知，最终通过"不再思考"来缓解矛盾。聪明的领导者懂得适时给员工留出自主决策的空间，当员工发现自己居然能在没有指导的情况下做好一件事时，会产生"我为什么要这么努力"的认知失调。为了缓解这种失调,大脑会自动寻找合理解释:"一定是因为我觉得这个工作很有意义。"这种内在归因一旦形成,就会转化为持续的工作热情,使员工建立起责任感。

理解这些科学理论后,我们会发现,谦虚不只是道德选择,更是基于生物规律的明智决策。谦虚的领导方式不仅保证了领导者自身的大脑健康,也为每个成员的前额叶皮质创造了健康成长的环境。当领导者能够认识到自己的局限,克制干预冲动,容忍适度失误,就能为员工带来更健康的组织神经化学环境、更活跃的前额叶皮质活动、更平衡的神经递质分泌,使每个成员的大脑功能都得到充分重视。在这种环境中,人们不需要把能量耗费在防御和讨好上,而是可以全身心投入工作,展现出更强的创新能力、更高的工作投入度,创造可持续的绩效表现。

海底捞提供了一个生动案例。其创始人张勇曾表示员工不是用来看管的,而是用来信任的。这种

主角模式

理念体现在给予服务员免单权等具体措施上，表面上看增加了管理风险，实则激活了员工的自主意识和创造力。

"日本经营之圣"稻盛和夫的"阿米巴经营"模式通过将组织划分为小型核算单元，让每个员工都能直接看到自己的工作是如何转化为经营成果的，这种模式巧妙地引导员工从"为老板打工"转向"为自己负责"。在这种架构下，员工自然而然地发展出经营者思维，这种转变不是通过说教强加的，而是通过精心设计的组织机制诱发的自主认知调整。

这或许就是为什么那些成功的组织往往都有一种看似松散实则高度自律的文化——因为最好的领导不是对抗人性，而是顺应并激发人性中最美好的部分。

谦虚能唤醒内在驱动力

在管理中，我们常常陷入一个令人困惑的悖

论：越是用力推动，员工反而越缺乏主动性；越是精心设计激励机制，工作热情反而消退得越快。这种困境的根源在于我们错误地将人的工作动力等同于机械的"刺激—反应"模式，而忽视了人类动机系统独特的运作规律。

一个酷爱巧克力的美食家，如果有人强迫他每天必须吃十块巧克力，不出一个星期，这个原本的享受就会变成痛苦的折磨。这个看似极端的例子，恰恰揭示了企业管理中最常见的误区——将外部控制误认为是激励。许多领导者就像那个强迫美食家吃巧克力的人一样，用奖金、考核、晋升等外部手段"逼迫"员工工作，却不知这种强加的动机正在悄无声息地摧毁着员工内在的工作热情。

心理学研究表明，当人们感知到行为是由外部控制时，内在动机就会迅速消退。这是因为人类天生渴望自主性，当感受到被迫做某事时，原本喜欢的事情也会变得索然无味。就像被溺爱的孩子往往对什么都不感兴趣一样，被过度控制的员工也会逐渐丧失对工作的热情。

著名心理学家维克多·弗兰克在《活出生命的意义》这本书中揭示了一个哲理：人不是为活着而活着，而是为意义而活着。这位从奥斯维辛集中营幸存的心理学家发现，那些在极端环境中仍能保持生命力的人，往往有着强烈的意义感。相反，很多衣食无忧却选择结束生命的人，根本原因不是痛苦，而是找不到活着的意义。

这个发现在现实生活中得到了印证。比如，那些突然崩溃的职场精英，往往不是被工作压垮，而是突然意识到自己多年的奋斗毫无意义。

因此，领导者应该帮助员工发现工作背后的深层意义——可能是解决某个社会问题的成就感，可能是服务他人的价值感，也可能是自我成长的满足感。当人们看到自己的工作如何影响他人、改变世界时，会产生深层次的满足感，内在的驱动力就会源源不断地涌现出来。

但什么样的领导者才能做到这一点呢？在他所具备的品质中，一定有一个品质是谦虚。

谦虚的领导者敢于承认自己不是无所不能的，不过度强调个人权威，而是将焦点放在共同目标和价值上，帮助员工建立工作与更大价值之间的连接，从而激活员工的内在奖励机制。

谦虚的领导者不过早下结论，而是善于倾听和整合多方意见，充分释放员工的工作热情，从而激发出超越个体智慧的集体创造力。

谦虚的领导者能建立起一种特殊的信任关系。当领导者表现出对员工能力的信任时，员工会以更强的责任感和工作主动性作为回报。这种信任关系的建立，触发了皮格马利翁效应，使员工不自觉地按照领导者的期望来调整自己的行为。

当组织中的个体不是为了逃避惩罚或获取奖励，而是因为从工作中获得的意义感而奋斗时，这种内在动力将释放出最持久、最强大的创造力。

主角模式

谦虚是弥合认知差异的理性选择

想象一下这样的场景：你和你的好友共同经营公司，你们毕业于同一所大学，住在同一个小区，甚至孩子的年龄都相仿。有一天开会时，你详细阐述了一个新项目构想，对方频频点头表示完全理解。一周后，当你看到执行方案时，却震惊地发现这根本不是你想要的方向。这种令人沮丧的沟通困境，根源就在于我们常常忽视了一个关键事实：每个人的"元认知"存在着天壤之别。

元认知，简单说就是"对认知的认知"，它就像是我们大脑中的操作系统，决定了我们如何接收、处理和解读信息。就像同一片阳光透过不同的棱镜会折射出不同色彩，同一句话穿过不同人的元认知，产生的理解可能截然不同。

即使使用相同的教材，不同老师教出来的学生理解程度可能完全不同；同一所大学的毕业生，对母校的记忆和评价也千差万别。这些现象背后都是元认知差异在起作用。当我们忽视这种差异，强行要求别人"听话照做"时，实际上是在否认人类思维的复杂性，这种态度不仅不切实际，还会严重阻碍有效沟通。

在管理中，元认知差异表现得尤为明显。领导者往往基于自己的经验和知识体系做出决策，却忽略了团队成员可能有完全不同的思维路径。比如，当一位技术出身的 CEO 向市场团队讲解产品愿景时，他脑海中浮现的是技术参数和系统架构，而市场人员听到的可能是用户痛点和营销策略。这种认知差异不是靠简单的"说清楚"就能跨越的，而是需要领导者具备深刻的元认知意识，即意识到并尊重这种差异的存在。

元认知差异的形成有着深刻的原因。每个人的成长环境、教育背景、职业经历都不同，这些因素共同塑造了独特的认知框架和思维模式。在职场中，研发部员工和市场部员工的思维差异，往往比我们想象的要大得多。这种差异不是缺陷，而是团队的宝贵资源。

面对这种根本性的认知差异，谦虚成为唯一理性的选择。在元认知差异永远存在的前提下，真正的领导力不在于"我说得多么正确"，而在于"我如何帮助对方理解"。那些总抱怨"员工悟性差"的领导者，其实暴露的是自己的元认知缺陷——他们没意识到，领导者的职责不是发射精准的指令，而是弥合不同员工的认知差异，让大家更准确地理解问题。

在快速变化的商业环境中，面对复杂问题，单一认知模式往往力不从心，需要整合多元视角才能找到最佳解决方案。谦虚的领导者善于搭建这样的认知桥梁，他们不会强求团队按照自己的方式思考，而是承认"我的认知方式只是众多可能性中的一种"，从而为员工创造一个各种思维都能充分表达和碰撞的空间。这种态度鼓励多元思维碰撞，往往能产生意想不到的创新解决方案。相反，固执己见的领导者会不自觉地压制团队成员的认知多样性，导致集体思维僵化。

在这个信息爆炸而理解匮乏的时代，谦虚或许是最被低估的竞争力。它像一面镜子，既照见自身认知的边界，也映出他人思维的独特轮廓。当我们放下"我肯定正确"的执念，才能真正开启那些隐藏在认知差异中的创新可能性。毕竟，人类进步的历史，本质上就是不同认知碰撞融合的历史。承认自己永远无法完全理解他人，恰恰是走向深层理解的开始。

谦虚的核心是对人的尊重

领导者怎么才能做到谦虚呢？核心是要深刻理解并尊重成长规律。真正的谦虚源于一个我们在上一章已经讲到的基本认知：领导者可以让员工的成长加速，却不能替代他们成长。有些路必须员工自己走，这是任何领导者都无法代劳的。这种认知不是领导力的削弱，而是更高层次的管理智慧。

每个员工的成长都需要经历自己的顿悟过程。

领导者可能会感到困惑：明明已经反复讲解过某个道理，为什么员工还是无法真正理解？问题在于，理解不是简单的信息传递，而是需要个人经历的积累和内在的认知重构。当员工尚未准备好时，任何强行灌输都只会导致表面附和——他们会努力猜测领导的想法，然后给出所谓的"正确答案"，但这与真正的领悟相去甚远。

这种现象在会议讨论中特别常见：领导者滔滔不绝地讲解着"这个事应该这样做"，底下围坐一圈的员工们频频点头、认真记录，实际上却在暗自揣测"老板到底想听什么"。他们不是在思考问题，而是在玩一场"猜老板心思"的游戏。他们学会了如何表演"懂了"，他们的发言也说得头头是道，似乎真的"懂了"，但实际上他们真的懂了吗？没有。这种状况下产生的决策和执行，其质量可想而知。

这种表面上的共识和虚假的领悟，带来的危害是深远的。以招聘为例，当企业从外部引进人才时，常常会陷入一种"蜜月期"的错觉——候选人在面试阶段侃侃而谈，似乎完全理解企业需求；企业也会过度解读候选人的能力，甚至将理想特质投射到新人身上。双方都在进行选择性认知，忽略了真实匹配度的复杂性。这种相互投射的美好想象，往往会在实际工作中被现实击碎：新人发现自己无法简单复制过去的成功经验，企业发现外来的和尚也念不好经，企业的问题还是得不到解决。之所以会出现这种落差，本质上是因为双方都低估了适应和成长的必要过程。

而谦虚的领导者可以很好地解决这一问题。因为他们尊重成长规律，理解每个人都需要经历自己的学习曲线，鼓励独立思考，知道犯错是不可避免的成长代价。当团队成员提出不成熟的想法时，谦虚的领导者不会直接否定，而是引导他们思考潜在的问题。当项目出现偏差时，谦虚的领导者不会急于纠正，而是给予团队调整的机会。他们会适当地下放决策权，让员工在具体问题上有实际的决定权，通过决策过程中的权衡和取舍获得成长。

这种领导方式为员工创造了真实的成长空间，当员工感受到领导允许他们成长时，他们就会停止揣测，开始真正动脑，并从实践中获得真知灼见。这种领导方式也使员工获得了安全的试错空间，使员工不再只做绝对安全的事情，而是敢于尝试、敢于创新、敢于犯错，将错误视为成长的机会。

从组织动力学的角度看，谦虚实际上是在调整组织内部的"刹车"和"油门"的平衡。过于强势的领导风格会强化"刹车"效应，员工将大部分精力用于规避风险而非创造价值；而谦虚的领导方式则适度释放"油门"，让组织能量流向创新和价值创造。这种平衡不是静态的，而是需要领导者根据情境不断微调。

当然，要做到谦虚并不容易，领导者要克服几个本能倾向：一是控制欲，即事事亲力亲为的冲动；二是即时满足，即期望问题立刻解决的急躁；三是完美主义，即不能容忍任何偏差的苛求。这些倾向虽然源于责任心，但长期来看会抑制组织的学习能力和适应能力。

这需要领导者具备相当的勇气和自制力。它意味着要忍受短期内的混乱和低效,相信长期的学习效应;要克制直接给出答案的冲动,培养引导提问的习惯;要承受更高的初期风险,换取团队的真正成长。就像教孩子骑车时必须放手一样,领导者也需要在适当时候松开控制,让团队找到自己的平衡。

但是,值得注意的是,谦虚不等于放任自流,它要求领导者在给予空间的同时,建立清晰的学习框架和反馈机制。比如,在允许犯错的前提下,确保错误能够被及时识别和分析;在下放决策权的同时,提供必要的指导和支持;在鼓励独立思考的同时,保持战略方向的一致性。这种"框架内的自由"才是谦虚作为一种领导力的精髓。

从员工发展的角度看,谦虚的领导方式能够激发更深层次的内在动机。当员工感受到领导对自己成长的尊重时,会更愿意主动承担责任、迎接挑战。这种内在驱动比任何外部激励都更持久、更强大。相反，如果员工长期处于被过度指导和控制的环境中，他们的职业发展就会陷入"假性成长"——掌握了表面技能，却缺乏真正的判断力和解决问题的能力。

归根结底，谦虚领导力的核心是对人的尊重——尊重个体认知的独特性，尊重成长的过程性，尊重学习的曲折性。这种尊重是基于对管理本质的深刻理解：领导者的终极任务不是提供所有答案，而是创造让员工能够自己找到答案的环境和条件，让员工获得真正的成长。当领导者能够实践这种谦虚时，团队才能实现可持续的、内生的成长，组织也才能获得长久的活力与竞争力。

公正是赢得尊敬与信任的基石

公正很难，但值得

公正，听起来是个很简单的词，人人都觉得自己能做到，但实际上，它可能是领导力里最难的一部分。我们常说"一碗水端平"，可现实里，这碗水总是晃来晃去，很难真正端平。既然这么难，领导者为什么一定要确保公正呢？为什么公正这么重要？

公正之所以重要，首先是因为它是人与人之间建立尊敬和信任的基础。无论是在家庭，还是在职场，公正与否都直接影响着人与人之间的关系质量好坏。一个领导者如果无法做到公正，就很难赢得团队真正的尊敬和信任。你可以靠权力让他人服从，可以靠利益让他人跟随，甚至可以靠个人魅力获得他人的喜欢，但如果缺乏公正，这些关系都是脆弱的。尊敬和信任不是靠命令得来的，而是靠一次次公平的决策积累起来的。

举个例子，如果团队里有两个员工犯了同样的错误，一个是领导者喜欢的，一个是领导者不太在意的。如果领导者对喜欢的人轻轻放过，对不太在意的人严厉处罚，哪怕只有一次，所有人都会看在眼里。他们会想："原来在这里，关系比规则更重要。"以后领导者再说自己很公正，就没人会当真了。信任一旦被破坏，再想重建就难了。

更重要的是，公正不仅仅影响个体之间的关系，还会塑造整个团队或组织的环境。在一个公正的环境中，人们会更愿意合作，因为他们相信自己的付出会得到公平的回报，自己的声音会被平等地倾听。相反，如果环境缺乏公正，人们就会倾向于自我保护，甚至互相猜忌、争夺资源，最终导致整体效率下降，团队氛围恶化。

公正的重要，还在于它直接关系到组织效率。表面上看，偏袒某些人似乎能换来他们的忠诚。但长远来看，这种"选择性公正"付出的代价远超想象。当员工发现努力不如站队重要时，就会把精力用在讨好领导或者搞办公室政治上，而不是比拼业绩上。那些本可以用于创造价值的时间，都被白白消耗了。

更可怕的是，不公正的环境会形成"逆向淘汰"效应。真正有能力的人往往最先离开不公正的环境，因为他们有更多选择；而留下的人则越来越擅长搞关系而非做实事。这种人才生态的恶化，就像温水煮青蛙，等领导者察觉时往往为时已晚。

尽管公正如此重要，但它的复杂性往往被严重低估。很多人觉得，公正是一个道德问题，就是"凭良心做事"，只要我心正，自然就公正，但现实远比这复杂。一是因为每个人都觉得自己是公正的，没人会承认自己偏心，二是因为每个人都是带着认知滤镜看世界的，这些滤镜由个人经历、专业背景甚至近期心情共同打造。比如，团队里有A、B两个员工发生了争执，领导者要判断谁对谁错。A可能觉得自己的观点被忽视，B则认为A过于固执。领导者听到A的陈述时，可能会觉得A受了委屈，但听完B的解释后，又可能认为B也有道理。这时，领导者自身的偏好、过往经验，甚至对两位员工的个人印象，都会影响最终的判断。

所以，公正不是道德问题，而是认知问题。真正影响公正的，往往不是道德水平，是我们的认知方式。

有人喜欢说"我对事不对人",仿佛这样就能保证公正,但事实上,事情和人往往是分不开的。我们在处理问题时,不可能完全脱离对人的印象和情感。比如,如果一个员工过去表现一直很好,领导者可能会更愿意相信他的说法;反之,如果一个员工曾经犯过错,领导者可能会对他更加严格。"光环效应""尖角效应"都会影响判断的公正性。

真正的公正,不是简单地宣称自己不偏不倚,而是意识到自己的认知局限,并努力克服它们。它要求我们主动收集多方面的信息,倾听不同的声音,甚至在做出决定前反思自己是否受到了偏见的影响。公正不是一种状态,而是一个不断调整、不断修正的过程。

公正不是一种道德表演,而是领导力的核心能力。它难,但值得,因为一个公正的领导者不仅能赢得他人的尊敬和信任,还能创造一个更加健康、更有活力的环境。在这样的环境中,每个人都能感受到自己的价值,愿意为共同的目标努力,并且彼此信任。而这，正是公正的真正意义所在。

公正的第一个敌人：推理

公正最难的不是我们不愿意做，而是我们常常在不自知的情况下就已经偏离了公正的轨道。人类大脑的认知机制天生就带着某些偏差，它们悄无声息地扭曲我们的判断，让我们误以为自己足够公正，但实际上早已离公正越来越远。更可怕的是，绝大多数人对这些偏差毫无防备，甚至根本意识不到它们的存在。

公正的第一个敌人，是我们的推理能力。你可能觉得奇怪，推理不是好事吗，怎么反而成了公正的障碍？这正是这个敌人的可怕之处：它看起来如此自然，如此合理，甚至常常被我们误认为是"理性思考"的表现。

什么是推理？简单来说，就是我们根据一些零散的信息，得出一个结论的过程。这听起来似乎没什么问题，毕竟生活中我们每天都在做类似的判断。但问题在于，我们的推理往往不是基于完整的证据，而是基于零碎的蛛丝马迹，甚至是自己的主观想象。

举个例子，有一次我和妻子在机场候机，本来一切正常，但她突然生气了。我问她怎么回事，她说："你不想跟我出来就直说！"我当时真是丈二和尚摸不着头脑，明明高高兴兴一起出门，怎么就成了"不想跟她出来"？后来才搞清楚，原来是因为我们原本并排坐着，但我坐了一会儿就换到了对面。在她看来，这就是"不愿意挨着她坐"，由此推理出我"不想跟她出来"的结论。而实际上，是因为我后面坐着一个留长辫子的男士，他的辫子老是戳到我，我又不好意思直接说，只好换个位置。

这就是典型的推理错误——对单一行为进行过度解读，不问前因后果，直接跳到了负面的结论。

这个例子很典型，展现了我们的大脑如何自动填补空白，把不完整的信息串联成一个"合理"的故事的过程。而且,我们对自己的推理极其自信,根本察觉不到这些结论可能建立在极其脆弱的基础之上,更很少会思考"我的结论是不是错的?"

类似的情况在生活中比比皆是。

你给朋友打电话,对方没接,你连打三次还是没人接,可能就会想:"这人太不尊重我了!"然后一气之下把对方拉黑,还觉得自己特别有骨气。网上不是有很多这样的"人生忠告"吗?说什么"对于不尊重你的人,永远不需要讨好"。听起来很酷,但有没有可能,对方只是正在开会?

你看到某个员工上班时总在玩手机,立刻认定他"工作态度不端正,对工作不重视",然后直接决定要处罚他。但你可能不知道,他其实是在用手机回复工作消息。

推理的危险性在于它让我们误以为自己掌握了全部事实,从而跳过求证和沟通,直接得出结论。公正恰恰要求我们反其道而行之——不要急着下结论，先调查，再判断，而不是先判断，再找证据支持。

可惜的是，绝大多数人都等不及走完这个流程。我们往往扮演着自封的"法官"，看到一点苗头就立即宣判，连陈述的机会都不给"被告"。

为什么我们如此容易陷入推理的陷阱？这和我们大脑的工作方式有关。我们的大脑天生喜欢走捷径，与其花时间了解完整的事实，不如快速下一个结论来得痛快。而且，这种推理常常披着"直觉"或"经验"的外衣，让我们误以为它是智慧的体现。殊不知，真正的智慧恰恰在于认识到自己认知的局限性。除此之外，立即下判断还能给我们一种掌控感，仿佛事情都在自己的理解范围内。相反，承认"我不知道"或者"可能另有原因"，反而会让人感到不安和失控。

这种基于片面信息的推理，在工作中造成的后果尤为严重。比如看到一个员工连续迟到，就直接认定他工作态度有问题，而真实情况可能是他家里老人生病需要照顾；看到一个同事最近工作效率下降，就断定他在消极怠工，而不考虑他可能是遇到了什么困难。我们总是急于下结论，却忘了每个行为背后都可能有不为人知的原因。

企业中的很多不公正就是由此造成的。当你是领导者时，员工往往不敢反驳你通过推理得出的错误结论。员工可能有苦衷，但也不敢解释，或者解释了你也听不进去。这样下来，公司里就会形成一种"老板说什么就是什么"的氛围，真正的公正就越来越难实现了。

可怕的是，这种推理还具有"自证"的特性，一旦形成某个结论，我们就会不自觉地寻找更多证据来支持它。比如，当你认定某个人是"问题员工"后，以后看到的相关"证据"都会自动强化这个印象，你会不自觉地用这个认定去解读他的一切行为，而与之矛盾的信息则会被自动过滤掉。你会认为，他做得好是运气，做得不好是本性。

推理不仅会影响领导者对人的判断，还会影响对事的决策。很多公司出台的规定，其实都是基于领导者对某些现象的推理。比如看到有人迟到，就推出"员工纪律涣散"的结论，于是制定更严格的考勤制度。但可能迟到的真实原因是交通问题，或者夜班安排不合理。不去探究真正的原因，只根据表面现象做决策，结果往往适得其反。

更糟糕的还在于推理还会造成一个恶性循环：你越是通过推理来下结论，就越容易出错；出的错越多，就越需要更多的推理来支持自己之前的结论。最后可能完全偏离事实。如果一个领导者习惯靠推理做判断，工作往往会越做越偏，最后全公司都在为最初的错误推理买单。公司中的人际关系也会越管越乱，最后陷入无休止的是非之中。

推理就像一副有色眼镜，一旦戴上，看到的世界就是变色的。要追求公正，首先要摘下这副眼镜，看到事情本来的样子。这很难，因为我们的思维已经习惯了走捷径。但只有意识到这个问题，才能开始改变。保持公正不是与生俱来的能力，它需要不断练习。而克服推理的惯性，就是培养这种能力的第一步。每次当我们忍住立即下结论的冲动，多想一想自己是不是判断错了，多问一问"为什么"，多听一听对方的解释，我们就在公正的道路上又前进了一些。

公正的另一个敌人：确认偏误

公正除了推理之外，还有一个更隐蔽、更顽固的敌人——确认偏误。如果说推理让我们在信息不足的情况下匆忙下结论，那么，确认偏误则让我们在已经有了结论后，只选择相信支持这个结论的证据，而忽略相反的证据。确认偏误就像一个狡猾的小偷，悄悄溜进我们的大脑，把那些不符合我们想法的证据都偷走，只留下能证明我们"正确"的东西。这种思维陷阱非常隐蔽，以至于我们常常在不知不觉中就掉进去了。

如果我们认定某个员工特别能干，那么我们会更容易注意到他做得好的地方，而忽略他的失误。

他按时完成工作，我们会觉得"果然能力出众"；他遇到困难，我们会解读为他在"挑战自我"；就连他犯的小错误，在我们看来都成了"勇于尝试"的表现，还会不自觉地替他找理由认为这次只是意外。反过来，如果我们对某个员工有偏见，觉得他"态度不端正"，那么，我们就会格外关注他的小错误，甚至把正常的行为也解读为"偷懒"或"不负责任"。这就是确认偏误最可怕的地方——它让我们活在自己的成见中，形成一个封闭的思维循环，让我们再也看不到事实的真相，让我们无法做出公正的判断。

这种确认偏误在生活中随处可见。比如我们讨厌某个明星，那么关于他的负面消息我们很容易条条都信，却对正面新闻嗤之以鼻；我们支持某个观点，很容易就会自动过滤掉反对的声音。现在社交媒体的算法推送更是火上浇油，我们看过一条"某地人很坏"的内容，接下来就会在社交媒体上收到无数条类似的信息，让我们误以为全世界都赞同这个观点。这种信息茧房让我们越来越坚信自己最初的结论，哪怕这个结论可能完全错误。

算命、星座之所以能长期存在，就是因为它们利用了确认偏误。算命先生只要说一句"你家东南角有水"，那些深信不疑的人就会翻箱倒柜地拼命去找水——可能是空调漏水，可能是打翻的饮料，实在找不到，连厨房里的一瓶醋都能算作水。如果实在找不到呢？那一定是自己观察不够仔细，或者"时机未到"。这样一来，这套话术永远立于不败之地：说对了就是大师神通，说错了就是自己没听懂。

历史上，确认偏误曾导致无数悲剧，欧洲中世纪的"猎巫运动"就是一个惨烈的案例。当时，人们认定某些人是女巫后，就会"发现"无数证据——家里养黑猫？明显是巫术！生病了还能痊愈？肯定是魔鬼的帮助！她们种的奇怪草药甚至脸上的皱纹，也都成了她们是女巫的证明。即使她们辩解，也会被解读为"狡辩"。最荒谬的是人们的鉴定方法：把嫌疑人绑上石头扔进河里，淹死了说明不是女巫，没淹死就肯定是女巫，要烧死。这种无论如何都能"证实"最初指控的逻辑，导致成千上万人无辜丧命。

现代组织管理虽不至于如此残酷，但类似的思维模式依然存在。比如，有些公司的"高风险员工"名单最初只是标记几个真正违规的员工，后来范围不断扩大，任何特立独行的人都被写入名单。名单上的人怎么表现都是错——请教问题是"能力不足"，积极工作是"刻意表现"，最终要么被迫离职，要么真的被逼成"问题员工"。

这种确认偏误日积月累，最终会导致整个团队的评判标准扭曲。能干的员工因为一次失误就被"打入冷宫"，平庸的员工因为领导者偏爱反而步步高升。更可怕的是，这种不公正会形成恶性循环——被偏爱的越来越受重视，被冷落的越来越没有机会证明自己。

为什么确认偏误这么难克服？

首先，因为它迎合了人类大脑的懒惰天性。深入思考、多方求证需要耗费大量精力，而直接采信符合自己想法的证据则轻松得多。就像现在网上很多争议话题，人们往往只看标题就站队，根本不愿意花时间了解事情全貌。就像那些反对"不要打孩子"的人，他们的理由往往是"我就是被打大的，现在不也好好的"。他们不会去思考：也许不挨打的话，现在的自己会更好。

其次，确认偏误因为它迎合了我们最深层的情感需求。每个人都希望自己是对的，都希望世界符合自己的认知。承认自己错了，需要巨大的勇气和自制力。就像那个经典实验：让支持死刑和反对死刑的两组人看同样的研究报告，结果每个人都觉得报告支持自己的立场。我们不是用眼睛看世界，而是用信念过滤世界。

要对抗根深蒂固的确认偏误，首先得承认自己会有偏见。要保持适度的自我怀疑，下结论、做决策之前先想一想自己是不是错了，自己的认知是不是不全面。这种思考虽然让人不舒服，却是对抗确认偏误的重要武器。一个能意识到自己可能存在偏见的人，已经比大多数人更接近公正了。当然，这有个前提，就是要把判断和事实进行严格区分。事实是客观发生的，判断是我们对事实的解释。比如"他迟到了半小时"是事实，"他不重视这个会议"就是判断。养成先列事实、再做判断的习惯，不能保证我们永远正确，但至少能让我们少犯一些本可避免的错误，少一些事后的懊悔与惭愧。

其次要培养"唱反调"的习惯。当我们要做重要判断时，主动寻找反驳自己观点的证据。比如，我们认为某个员工能力不行，就刻意回顾他做得好的地方；我们坚信某个策略绝对正确，就专门组织会议讨论它的风险。这种刻意的反向思考，能有效打破确认偏误的循环。

要建立真正公正的环境，就得从打破自己的思维牢笼开始。毕竟，如果我们连自己都骗，还怎么能对别人公正呢？一个真正公正的领导者，不是从不犯错，而是愿意承认错误，敢于纠正自己；不是没有偏见，而是能意识到自己的偏见，并且不断反思偏见。

不公正将组织拖入内耗的泥潭

当公正缺失时，会发生什么呢？

你或许曾遇到过这样的情况：你的胳膊上起了一个小红疹，让你感觉很痒，你忍不住去抓挠，结果越抓越痒，越痒越抓，最后抓破皮肤甚至引发感染。这是费斯汀格法则揭示的一个深刻道理：生活中90%的麻烦，不是来自最初的10%问题，而是来自我们对这10%问题的过度反应。这个法则同样适用于组织管理，领导者的不公正就像那个小红疹，引起一系列过度防御反应，使原本不大的问题因为处理不当而被不断放大，使原本可以轻松化解的矛盾由于过度反应而演变成持久战，将组织陷入内耗的泥潭。

这种过度反应带来的恶果，主要分为以下几种。

一是官僚主义。

不公正的环境必然催生官僚主义，当官僚主义盛行，组织在面临问题时，就习惯于以制定新制度来应对。表面上看，这是负责任的表现；但实际上，这往往是逃避真正解决问题的懒惰做法。每个新制度都像一块补丁，短期内似乎解决了特定问题，长期来看却使系统越来越臃肿。这种现象在管理学上称为"组织熵增"——随着时间推移，组织会趋向混乱和低效。每个新制度都在增加系统的复杂性，而复杂性本身又会催生出更多问题，导致组织越来越混乱。

举个例子，如果领导者有一次发现某位员工迟到，就出台打卡制度；后来发现有人代打卡，又增加指纹识别；接着有人反映指纹机故障导致误记，再增设人工登记处……问题会得到解决吗？不会。最后的结果往往是，各项制度层层叠加，使原本简单的考勤管理变成了需要多重手续的烦琐流程。这不仅消耗管理资源，更挫伤员工积极性，那些最有创造力和行动力的人才，往往最先因无法忍受官僚主义而离开。

二是地盘政治。

人类和许多哺乳动物一样，天生具有领地意识。当上级领导者表现出不公正时，员工的这种本能就会以最原始的方式爆发——划分势力范围。比如，某个部门领导者将部门视为自己的"封地"，把下属看作"私人势力"；某个团队领导者将特定业务领域划为"禁区"，排斥他人介入。在分配任务与资源时，他们首先想的是"这是我的业务范围""这个项目必须由我们部门主导"等。

这种心态看似维护了小团体的利益，实则会危害整个组织。当人们把精力用在划分和守卫领地上时，就无暇顾及真正的业务发展。更可怕的是，领地意识会引发连锁反应——A 部门保护自己的"势力范围"，B 部门感受到威胁后也开始"筑墙"，C 部门见状不得不跟进……很快，公司就陷入"割据"状态，跨部门协作、资源调配变得困难重重，所有人都陷入无休止的内耗。

无论是官僚主义还是地盘政治，最后都会导致"劣币驱逐良币"。当晋升、奖励不是基于客观贡献，而是取决于关系亲疏或个人好恶时，实干者会逐渐心灰意冷、不断逃离，而投机者则大行其道。一个常见的恶性循环是：优秀员工因感到不公平而减少投入或选择离开，组织绩效因此下滑，领导者为控制局面实施更严格的控制，这又进一步加剧了人才流失……最终，组织陷入无法逆转的危机之中。

而这一切的起点，可能只是领导者一次不经意的偏袒、一个草率的不公正判断。一个能够坚守公正的领导者，不只是在解决眼前的问题，更是在预防未来可能发生的组织灾难。

在这个意义上，公正是最好的风险管理。它可能不会立即带来耀眼的业绩，但会在无形中让组织建立起强大的免疫系统。当危机真正来临时，公正往往能发挥关键作用。那些能够带领企业渡过难关的领导者，通常都是平时在公正建设上投入最多的人。

打造一致性，以公开透明成就组织公正

为了避免这些恶果，领导者要认识到，公正不是结果，而是过程。它体现在日常的每一个决策、每一次互动中。但公正的环境不会自动形成，它需要领导者持续的关注与维护，其中最重要的，就是要在企业中打造一致性，以公开透明成就组织公正。

一致性至关重要。想象一下，如果一个法官今天判这个案子用这套标准，明天判类似的案子却用完全相反的标准，我们会觉得这个法庭公正吗？同样，在企业管理中，员工判断领导是否公正，最重要的依据就是看他的决策是否具有一致性，是否经得起公开的检验。

很多领导者在处理人事问题时，常常陷入一个误区，认为悄悄处理是对公司和当事人的保护。比如辞退员工时，编造各种体面的理由："他去读MBA了""他家里有事""他要出国深造"。当事人离开得悄无声息。当其他员工询问时，得到的都是

标准化的官方回答。这种看似"保全颜面"的做法，实际上正无声无息地侵蚀组织的公正基础，让整个公司陷入猜疑和不安。因为在当前的信息时代，没有什么秘密能真正被隐藏。员工们很快会通过各种渠道了解到真相——也许是被辞退者本人在朋友圈的发声，也许是行业内的口耳相传，甚至只是办公室里的蛛丝马迹。当官方说辞与私下流传的版本出现巨大差异时，员工们不会赞美领导者的"体贴"，反而会质疑：为什么不能光明正大地说明原因？公司到底在隐瞒什么？

这种"善意谎言"造成的伤害往往超出预期。我曾了解到，一家知名科技公司的创始人就习惯用"去读 MBA 了"作为辞退高管的统一说辞。时间一长，这个短语在公司内部形成了特殊的暗号——每当有人"被 MBA"，大家就知道这是非正常离职的代名词。更讽刺的是，创始人还会群发邮件警告员工不要与这些"MBA 校友"联系。结果就是，公司内部形成了两套并行的话语体系：一套是官方的、粉饰太平的；另一套是地下的、充满猜疑的。员工们把大量精力用在解读这些"职场密码"上，而不是专注于工作和创新。后来，这家曾经辉煌的公司逐渐失去了市场竞争力，很大程度上就是因为这种不透明文化导致的内部消耗。

那么，什么才是真正的一致性？它意味着领导者的言行、决策与组织的核心价值观保持高度统一。

具体到人事变动这样的敏感事项，一致性要求领导者做到公开决策依据、说明行为标准，保持处理方式的连贯性。比如，辞退一名贪污公款的管理者，正确的做法不是遮掩，而是明确告知团队："某某因违反公司反腐败条例，经调查核实后已被解除劳动合同。"这样做有几个明显的好处：第一，树立明确的行为边界，让每个人都知道什么是不可逾越的红线；第二，避免谣言滋生，要依据公开的事实，而非私下的揣测；第三，强化组织价值观，用实际行动证明公司对制度和条例是"说到做到"的。

同样的原则也适用于正向激励。当给某位员工发放特别奖金时，与其私下悄悄转账，不如公开说明："奖励某某在某某项目中突破性的创新，这项创新为公司节省了××成本/创造了××价值。"这种公开表彰不仅避免了"暗箱操作"的猜疑，让获奖者感受到实实在在的认可，为其他员工树立了学习的标杆，更重要的是向整个团队展示了组织的价值导向——我们重视什么样的行为，鼓励什么样的表现，并让所有人都相信：在这个组织里，付出与回报是成正比的。

通过打造一致性，企业环境会变得公开透明，这对于任何一个组织都非常重要。因为公平本身是个很难量化的概念。你说这个决策公平，他说不公平，往往各执一词。但一致性为公平提供了一个可验证的维度——至少所有人都能看到这个决策是在什么情况下、基于什么标准做出的。就像体育比赛，即使结果不如人意，但只要规则公开、裁判公正、过程透明，运动员通常都能接受。相反，如果比赛在黑箱中进行，哪怕结果完全正确，也会引发无数质疑。

而且，当决策过程暴露在公众视野下时，领导者会本能地更加审慎，更注重依据公开标准而非个人好恶。这就像我们平时在公共场所会比在私人空间更注意言行举止一样。组织中的透明机制创造了类似的"公共场域效应"，使领导者以更高标准要求自己。

但必须承认，打造一致性不是一件容易的事。它要求领导者具备相当的勇气和定力。公开处理敏感问题意味着要直面可能的质疑和挑战；保持决策标准的一致性则要求应对各种人情压力和特殊情况。这也是为什么很多领导者虽然标榜"公平公正"，实际操作中却频频妥协。比如，某次破格提拔了某位"关系户"，下次就必须为另一个"关系户"寻找理由；这次对某类行为网开一面，下次遇到类似情况就难以严格处理。这种妥协积累到一定程度，组织就会陷入"例外管理"的泥潭——每个决策都需要特殊考量，每项规定都留有后门，最终导致整个价值体系的崩塌。

打造一致性还要求领导者有足够的自信和胸怀。不自信的领导者害怕公开透明会暴露自己的不足，心胸狭窄的领导者则担心公开透明会削弱自己的控制。只有那些真正为组织长远发展着想的领导者，才敢于公开透明，因为他们明白：表面的控制不如实质的影响力，一时的方便不如长久的公信力。

打造一致性还要容得下质疑和解释。公开决策不是领导者单方面颁布"圣旨"，而是要留出讨论空间。当员工对某个决定有疑问时，应该允许他们提出自己的意见；当被处罚者有不同看法时，应该给他们解释和申辩的机会。这个过程看似麻烦，实际上非常必要。一个经得起质疑的决定，往往比"一言堂"的决策更具公信力。

打造一致性还要警惕"伪透明"的陷阱。有些领导者表面上倡导公开，实际上只是做做样子。比如，号称开放邮箱，但对员工反映的问题置之不理；举办民主评议，但结果早就已经内定；设置意见箱，却从来没有人见过里面的内容被讨论。这种形式主义的透明比不透明更可怕，它会让员工产生被愚弄的感觉，对领导者的信任感加速流失。真正的透明不是做给别人看的表演，而是发自内心地相信：只有让所有人在阳光下共同成长，组织才能走得更远。

打造一致性不是一蹴而就的工程，而是日积月累的修炼。它要求领导者在每次决策时都多问自己几个问题：这个决定经得起公开检验吗？我敢向全员解释这个决定的理由吗？如果类似的情况再次发生，我会做同样的决定吗？这些问题的答案，就是检验公正性的最佳标尺。

在操作层面，打造一致性需要建立系统化的机制。首先是信息共享机制——重要决策的依据、过程、结果都应该通过适当渠道让相关人员知晓。其次是参与机制——让更多利益相关者参与到规则的制定和修订中来，而不是由少数人闭门造车。再次是反馈机制——确保不同的声音能够被听见、被考虑。最后是纠错机制——当发现标准执行出现偏差时，能够及时调整和补救。

这些机制的有效运转，离不开一个关键要素：领导者的以身作则。当 CEO 主动公开自己的绩效考核结果时，其他管理者就很难对自己的表现遮遮掩掩；当部门经理坦然承认某次决策失误时，部门员工也会更勇于承担责任。这种示范效应比任何规章制度都更有力量。

当然，强调公开透明并不意味着要事无巨细地公开所有信息。商业秘密、个人隐私、正在进行的调查等信息确实需要保密。关键在于把握好"保密"与"隐瞒"的界限——前者是为了维护正当利益，后者则往往是为了掩盖问题。

最后要强调的是，一致性不是僵化。它并不意味着不能根据实际情况调整政策，也不意味着不考虑个体差异。相反，真正的一致性恰恰要求我们在变化的环境中，始终如一地坚持那些最基本的公正原则——诚实、透明、尊重、责任。就像航海中的罗盘，无论风向如何变化，始终指向北方。

当领导者能够系统性地打造一致性时，公正就不再是挂在墙上的标语，而是流淌在日常运营中的血液。员工们不再需要猜测"老板真正想要什么"，因为标准清晰可见；不再担心"老实人总是吃亏"，因为机制保障了付出与回报的对等；不再陷入无谓的办公室政治，因为阳光已经驱散了猜疑的阴霾。

组织的边界,本质上是由其成员的成长边界决定的。

CHAPTER 4
第 4 章

善用领导力工具，实现领导效能的跃迁

领导力从来不是天赋，而是一套可以习得的能力体系。就像工匠需要精良的工具才能雕琢出完美的作品，领导者也需要掌握一系列经过验证的工具，才能在复杂多变的环境中持续提升领导效能。

本章将探索七种极具实践价值的领导力工具，它们不是抽象的理论，而是经过全球顶尖企业和领导者验证的"思维操作系统"。从重构领导心态的人生天际线，到激发团队思考的GROW模型；从颠覆性创新的"10倍好"，到化约束为动力的限制条件；从凝聚组织的愿景与关键要务，到建立深度联结的倾听与反馈，最后到释放团队潜能的授权，这些工具共同构成了一个完整的领导力提升系统。

这七种工具不是孤立存在的，它们相互支撑、彼此强化。人生天际线决定领导者的内在状态，GROW模型提供对话框架，"10倍好"思维激发突破性创新，限制条件创造必要的压力环境，愿景和关键要务确保方向正确，倾听与反馈促进持续改进，授权则推动组织能力升级。当这些工具被系统运用时，领导效能将实现质的飞跃。

值得注意的是，工具的价值不在于知晓，而在于实践。建议读者先选择一两种最契合当前需求的工具深入实践，待熟练掌握后再逐步拓展。领导力的提升是一个渐进的过程，唯有持续练习，方能融会贯通。

最后要提醒的是，工具终究是工具，真正的领导力源于真诚的初心与持续的修炼。当我们怀着服务他人成长的谦卑之心，将这些工具恰当地运用于实践时，就能在成就他人的过程中，完成自我的超越与升华。这才是领导力工具的最高价值所在。

人生天际线：用谦虚与爱重构领导心态

在这个充斥着各种领导力模型与方法论的时代，我们常常花费大量时间学习各种管理技巧、沟通话术和激励方法，却忽略了一个最根本的问题——我们以何种心态面对每一个决策、每一次互动。史蒂芬·克莱米克和玛拉·克莱米克在《变好的方法：如何把自己变成你想成为、你能成为的人》中提出的人生天际线，恰恰为我们提供了一个洞察自己的内在状态、更有效地领导他人的工具。

想象一下，将你复杂丰富的人生压缩成一条细细的线，这条线就是人生天际线。如图4-1所示，这条线将人的行为划分为"线上"与"线下"两种截然不同的状态，"线上"有两种状态——谦虚和爱，"线下"也有两种状态——骄傲和恐惧。

第 4 章　善用领导力工具，实现领导效能的跃迁

```
        ┌─专注于个人成长─┐ ┌─专注于他人成长─┐
        │ 真诚可信，乐于改变，│ │ 人际交往，鼓励他人，│
 谦虚   │ 值得信赖，追求成就 │ │ 助人成长，同情他人 │   爱
        └──────────────┘ └──────────────┘
   - - - - - - - - - - - 人生天际线 - - - - - - - - - - -
        ┌──────────────┐ ┌──────────────┐
        │ 冷嘲热讽，争强好胜，│ │ 寻求认同，容易动怒，│
 骄傲   │ 把持控制，过度努力 │ │ 依赖他人，躲闪回避 │   恐惧
        └─专注于自我抬高─┘ └─专注于自我保护─┘
```

图 4-1　人生天际线

这个看似简单的框架，却蕴含着改变领导方式的巨大力量。

领导者每天都要做出无数决策，处理各种关系，面对诸多挑战。而人生天际线告诉我们，决定领导效能的不是技巧的高低，而是我们处于这条线的哪一侧。

每当有人向我咨询如何管理团队时，我常常会问他们一个问题：当你做决定时，你能否清晰地觉察到这个决定背后的驱动力是什么？是出于证明自己的骄傲，还是出于对落后的恐惧？是基于对未知的谦虚，还是源于真诚的爱？这个问题的答案，往往比决策本身更能决定最终的结果。

处于骄傲和恐惧这两种"线下"状态的领导者，就像穿着铅鞋跳舞，即使拥有精湛的技巧，也难以展现真正的领导魅力。

我见过太多的领导者，他们掌握了很多管理工具，却总在关键时刻被骄傲所驱使——他们无法忍受被质疑，把每一次意见相左都视为对自己权威的挑战。比如，有位 CEO 曾向我倾诉，他的高管团队总是回避冲突，会议上没有人愿意提出不同意见。当我建议他反思自己在会议中的表现时，他才意识到，每当有人挑战他的观点时，他的第一反应不是思考这个建议的价值，而是感到自尊心受挫，这在无形中成了团队沟通的障碍。

还有一些领导者被恐惧所支配。许多企业陷入无休止的加班文化，根源往往在于高层管理者对市场竞争的过度恐惧。就像很多父母逼迫孩子参加大量培训班，也是出于害怕孩子"输在起跑线"的焦虑。恐惧驱动的决策看似积极进取，最终往往会导向无效甚至有害的结果。

在商业世界中，我们见证了太多因"线下"状态而导致的失败案例。很多曾经辉煌却最终倒下的企业，往往不是败给了竞争对手，而是败给了自己内心的骄傲与恐惧——那些因骄傲而忽视市场变化的巨头，转眼间就从巅峰跌落；那些因恐惧而在变革面前裹足不前的企业，来不及挣扎就被时代淘汰。相反，那些基业长青的企业往往建立在"线上"状态之上——以谦虚的态度持续学习，以爱的精神服务客户与员工。

第 3 章已经讲过了谦虚的重要性，这种对自己认知局限的清醒认识，恰恰是领导者最应具备的品质之一。我从来不对孩子大声说话，不是因为我没有权威，而是因为我深知年龄和身份并不会自动赋予我真理的垄断权。这种谦虚的心态同样适用于领导团队。当领导者能够放下"我必须知道所有答案"的包袱时，团队才能真正发挥集体智慧。

爱作为另一种"线上"状态，在商业语境中常被很多人刻意回避，仿佛它与理性决策格格不入。事实上，最高效的团队往往由爱驱动——对事业的热爱、对同事的关爱、对客户的大爱。员工如果感受到被爱，自然就会把爱的感受传递给顾客。这种爱的传递链，远比任何绩效考核制度更能激发人的善意与创造力。在我的观察中，那些真正改变行业的创新，几乎都源于创始人想要解决某个社会问题的热忱，而不是单纯追逐利润的算计。

将人生天际线应用于日常领导实践，最有效的方法莫过于养成即时自省的习惯。每当要做重要决策或处理棘手事情时，先停下来，在自己的手心画一条线，问问自己：此刻的我是在"线上"还是"线下"？我是在用谦虚和爱还是在用骄傲和恐惧来处理问题？

如果我们停下来认真思考，就会洞察到自己行为背后的真实动机：当制定业绩目标时，出发点是为了证明自己（骄傲）还是真正为客户创造价值

（爱）？当业绩下滑时，是急于指责团队（恐惧）还是共同寻找解决方案（谦虚）？

当我们意识到自己正处于"线下"状态时，就要有意识地调整自己的心态，使自己回到"线上"。

彼得·德鲁克曾经提出过一个重要的观点：管理是把事做正确，而领导是做正确的事。而人生天际线为我们提供了判断"正确的事"的清晰标准——源于谦虚和爱。当一个领导者持续地以谦虚和爱为出发点时，不仅他的决策质量和领导效能会不断提升，而且整个组织的文化都会发生微妙而美好的转变。

在更深层次上，人生天际线还提醒我们：领导力的终极目标不是对外部世界的掌控，而是对内在状态的觉知和选择。骄傲会让我们坚持错误，恐惧会让我们选择短期安全而牺牲长期价值，唯有谦虚和爱，才能让我们超越自我局限，走向更广阔的未来。

主角模式

GROW 模型：不提供标准答案，唤醒团队思考

很多人常常会陷入一个认知误区：领导者要不断地给出正确答案。很多领导者习惯于扮演问题解决者的角色，总是迫不及待地将自己的经验、见解和方案灌输给团队成员。殊不知，这种看似高效的领导方式，恰恰扼杀了团队最宝贵的创造力和主动性。而 GROW 模型作为一种领导力工具，颠覆了这种传统认知，使领导者的角色从"给予答案"转变为"唤醒思考"。

GROW 模型的精妙之处在于它的系统性结构。如图 4-2 所示，Goal（确定目标）、Reality（评估现状）、Options（探索选择）、Will（确定意愿）这四个步骤，构成了一个完整的认知闭环。GROW 模型就像一位经验丰富的登山向导，它不会直接告诉登山者该怎么走，而是会先确认："你想登上哪个山峰？""你现在处在什么位置？""你看到哪些可能的路线？""你决定选择哪条路线出发？"这种结构化

的提问方式，既保证了对话的方向性，又给予了使用者充分的自主空间。

4 确定意愿（Will）
选择并承诺采取行动

3 探索选择（Options）
识别可能的路径或策略

2 评估现状（Reality）
评估当前的情况和挑战

1 确定目标（Goal）
确定期望的结果或目标

图 4-2 GROW 模型

想象一下这样的场景：你的团队遇到了一个棘手的问题，你作为领导者已经看到了解决方案。按照传统做法，你会直接告诉团队成员该怎么做——这很高效，却剥夺了团队成长的机会。而如果运用 GROW 模型，你会首先问他们有没有确定目标："你们认为最终要达到什么目标？"这个问题本身就具有魔力，它把团队成员从被动执行者转变为主动思考者。我见过太多领导者抱怨团队缺乏主动性，却从未意识到正是自己事无巨细的指导剥夺了团队的思考空间。

接下来，你会引导他们去评估现状："目前的情况是怎样的，有什么挑战？"这个问题看似简单，却能帮助团队跳出主观臆断，客观分析事实。在微软转型期间，萨提亚·纳德拉就善于用这个问题引导团队直面现实：我们不再是PC时代的霸主，移动互联网时代需要全新的思维方式。这种对现状的清醒认知，往往能激发员工深度思考现状。

然后，你会引领他们探索选择："我们有哪些行动方案？"这样提问的价值在于，它能够释放人们被恐惧压抑的想象力，激发惊人的创造力。谷歌在开发Gmail时，工程师保罗·布赫海特最初提出的存储方案完全颠覆了当时的行业惯例。如果他的上级直接给出"正确方案"，我们今天可能还在使用容量有限的邮箱。

确定意愿环节的"你打算怎么做？"则将决策权交还给执行者，这是GROW模型最富智慧的设计。神经科学研究表明，当人们自主做出决定时，大脑的奖赏系统会被激活，产生更强的执行动力。同样，当员工自己去思考和制订实现目标的计划时，就会有更强的意愿去执行这一计划，并努力追求目标的达成。

GROW模型打破了一个常见的领导力迷思——认为统一的思想是高效团队的特征。实际上，强迫所有人按照同一种方式思考，无异于组织在慢性自杀。自然界的智慧告诉我们，生态系统之所以强大，正是因为其多样性。GROW模型尊重每个个体的独特性，通过个性化的问题激发不同的思考路径，最终形成更具韧性的解决方案。

这种领导方式的转变，背后是对成年人学习心理的深刻洞察。心理学研究表明，成年人的大脑与儿童的有着本质区别。当我们还是孩子时，我们对世界充满好奇与无条件的信任，像海绵一样吸收各种知识和经验。但随着年龄增长，在被欺骗、被否定、经历失败后，我们逐渐建立起一套心理防御机制，对"被教导"产生了本能的抗拒。这是必要的生存智慧，却也成了成长的障碍。而GROW模型尊重成年人"只相信自己得出的结论"这一心理机制，通过提问而非告知的方式，巧妙地绕过了人们的心理防线，让改变从内部自然发生。

在实践中，GROW模型最大的挑战不是技巧本身，而是领导者能否放下"我知道答案"的执念，正如王阳明所说，"破山中贼易，破心中贼难"。我们太容易陷入这样的思维陷阱：既然我知道正确答案，为什么不直接告诉他们？很多企业之所以走向失败，正是因为领导者无法忍受短期的不确定性，急于介入下属的决策过程，结果整个组织无法真正成长。

放手让下属们去思考、去试错，需要领导者具备极强的克制力。当看到团队可能走向一个你认为错误的方向时，保持沉默比发表意见困难得多。这让我想起一位制造业高管的故事。他告诉我，在他们公司的市场部面临转型困境时，他明明看到了最佳的转型路径，却一直忍着不说。当他第十次听到市场部总监提出他认为明显错误的方案时，那种焦虑感真实得像是坐在钉板上。但神奇的是，经过两周的反复思考，那位市场部总监最终找到的方案比他预想的要出色得多。而且，从那之后，市场部总监的决策能力明显提升了。这次经历让这位制造业高管深刻领悟到：领导者的价值不在于他有多聪明，而在于他能让团队成员变得多聪明。

除了克制力之外，领导者在使用 GROW 模型时，还要具备两种看似矛盾的特质：坚定的框架感和彻底的开放性。框架感体现在严格遵循 GROW 模型四个步骤的对话逻辑，开放性则意味着对任何可能的答案的真诚接纳。谷歌前 CEO 埃里克·施密特有一个非常有趣的特点，当团队成员提出看似荒谬的想法时，他不会马上否定他们，而是会说："有趣，说说为什么。"这种态度不是伪装的好奇，而是真正相信创新往往诞生于常规思维之外。

将 GROW 模型应用于日常管理，可以从一个小改变开始：在每次会议前，准备四个问题——一个关于目标，一个关于现状，一个关于可能性，一个关于行动承诺。坚持这个简单的习惯，你就会发现团队逐渐从等待指示变为主动思考。当我们停止扮演问题解决者的角色，而是做一个思考催化者时，团队的潜能就会自然而然地被激发出来。从这个角度来说，掌握 GROW 模型不只是学习一种工具，更是拥抱一种全新的领导哲学——信任比控制更有力量，问题比答案更能激发成长。

"10倍好"：以颠覆性思维实现创新

在内卷成风的时代，很多领导者习惯于用线性思维来追求增长：努力优化现有模式，要求团队付出 120% 的努力去争取 10% 的增长。这种思维方式带来的往往是团队精疲力竭和边际效益递减——员工加班加点，业绩却只能提升 5%；管理者殚精竭虑，市场份额却纹丝不动。这种困境背后隐藏着一个反直觉的真相——追求"1倍好"往往比实现"10倍好"更加艰难。

第 4 章 善用领导力工具，实现领导效能的跃迁

彼得·蒂尔在《从 0 到 1：开启商业与未来的秘密》中提出的"10 倍好"理念，本质上是一种认知范式的转换。传统领导者要求团队在现有赛道上加速，关注的是如何跑得更快；而具备"10 倍好"思维的领导者却在寻找全新的赛道，他们思考的是如何彻底改变游戏规则。这种认知上的根本差异，造就了企业截然不同的命运轨迹。柯达在数码相机时代追求胶卷质量的"10% 提升"，而苹果却用 iPhone 重新定义了摄影。结果我们都知道了——追求渐进式改善的巨人倒下了，而追求范式革命的新秀改变了世界。

"10 倍好"之所以能够成为行之有效的领导力工具，是因为它改变了团队思考问题的思维定式，颠覆了很多企业一贯遵循的传统渐进式改进路径。当你要求团队成员思考"如何让业绩提升 10%"时，他们本能地会想到加班、优化流程、削减成本等方式。但如果你问："假设我们不做任何改进，而是彻底放弃现在的做法，有没有可能实现 10 倍

增长？"会议室可能会先陷入一片寂静，然后爆发激烈的讨论，真正的创新得以涌现。这两个问题的量级完全不同。前者将团队思维局限在现有框架内，后者则迫使团队跳出盒子思考——也许我们应该服务完全不同的客户群体？也许产品应该重新定义？也许商业模式需要彻底重构？

"10倍好"之所以能够激发突破性创新，是因为它迫使我们回到第一性原理思考。亚里士多德提出的第一性原理，就是要剥离所有表象，直达事物本质。当我们问"如何实现10倍好"时，实际上是在问："如果抛开所有现行做法和行业惯例，这个问题的最本质的解决方案应该是什么？"这种思考方式往往能带来意想不到的洞见。埃隆·马斯克在创建SpaceX后，不被"如何让火箭发射成本降低10%"所局限，而是回归第一性原理，直指问题核心：发射成本高的本质是"火箭硬件一次性消耗"，那么为什么不能重复使用火箭？这才有了可回收火箭的革命性突破。

这种思维转变带来的不仅是业绩上的突破，更是工作意义的重新发现。当员工不再被束缚在"提升10%"的机械循环中时，他们开始体验创造的喜悦。马斯洛需求层次理论的最高层次"自我实现"，正是在这种突破性创新中得到满足的。我见证过许多团队的蜕变：当它们从"如何多挣10%的奖金"转向"如何创造10倍价值"时，整个团队的能量场发生了质的变化，每个成员都找回了工作的激情与意义。

实践"10倍好"思维需要领导者具备三种关键特质：质疑常识的勇气、重构问题的智慧，以及容忍模糊的定力。亚马逊创始人杰夫·贝佐斯在决定开发 Kindle 时面临巨大阻力——当时所有人都认为电子阅读器是个小众市场。但贝佐斯看到的不是如何改进纸质书，而是如何重新定义阅读体验。他要求团队思考的不是"如何做出更好的电子书"，而是"如何让读者在任何地方都能立即获取任何图书"。这个"10倍好"的问题最终催生了改变出版业的革命性产品。

主角模式

当领导者学会用"10倍好"的透镜看世界时，他们会发现，限制企业发展的从来不是外部条件，而是对自己可能性的想象边界；那些看似遥不可及的突破，往往只需要转换一下思维。当领导者具备这种思维高度时，他们带动的不只是团队效率的提升，更是整个组织可能性的拓展。

限制条件：
创新的必备条件是资源匮乏

假如你的团队正在为一个新项目争取预算，团队成员列出了详尽的需求清单——增加人手、购买设备、市场推广费用，等等。作为领导者，你有两个选择。一是满足所有需求，让他们在充足的资源下开展工作；二是设置一个看似不可能的限制条件："我只能给你们现有资源的三分之一，但要求你们达成同样的目标。"这时，你会怎么选呢？

大多数人会本能地选择前者，认为这是对团队的支持。但真正的领导智慧，往往藏在第二个选择里，因为在某种程度上，创新的必备条件就是资源匮乏，而限制条件是最被低估的领导力工具，它能释放出团队惊人的创造力。

在传统认知中，领导者往往被描绘成资源提供者——他们想方设法地为团队提供资源，扫清障碍，创造最优环境。实际上，创新从来不是资源堆砌的产物。人类历史上那些颠覆性的突破，几乎都是在资源极端匮乏的条件下诞生的。二战期间，英国工程师在纳粹封锁下借助自行车零件拼凑出雷达系统；阿波罗13号的宇航员在服务舱发生爆炸的情况下，用塑料袋、胶带和袜子等物资使不同型号的过滤装置拼装成功，降低了登月舱的二氧化碳浓度；中国航天人在一穷二白的年代用手摇计算机和算盘计算出弹道。这些事例揭示了一个道理：创新最肥沃的土壤，往往是看似贫瘠的资源荒漠。

喜家德水饺的创业故事生动诠释了这一道理。创始人高德福拿着母亲给的7000元结婚备用金起步，这笔微不足道的资金，却成为他孕育出突破的限制条件。在无法承担高昂门店租金的情况下，他创新性地采用"明档现包"模式，将后厨搬到门店前区，既节省了空间成本，又创造了透明生产的差异化体验。这个被限制条件逼出来的创新，最终造就了年销售额30亿元的餐饮奇迹。高德福曾经感慨道，如果当时有更多资金，他可能会选择传统的开店模式，那就不会有今天的喜家德了。

当领导者不断满足团队的资源需求时，反而是在扼杀创新的幼苗。心理学研究表明，当资源充裕时，大脑会自动选择最省力的路径——沿用既有方案，进行边际改进。这正是为什么大企业常常陷入创新者窘境：它们拥有太多资源，反而失去了突破的动力。相反，当面临严格限制时，大脑会进入一种特殊的"创造性紧张"状态，被迫打破常规思维，寻找前所未有的解决方案。

"帆书"从零起步，正是因为没有任何资金可依赖，我们不得不创造性地利用现有资源：用社群裂变替代广告投放，用用户生成内容降低生产成本，用跨界合作弥补渠道短板。这些在资源过剩的环境下根本不会诞生的模式，最终构成了我们的核心竞争力。

很多企业家都非常善于运用限制条件这一工具。比如，马斯克可以豪掷五万美元举办派对犒劳团队，却断然拒绝工程师五万美元的零件采购申请。当愤怒的工程师质问为何不能像NASA那样采购高端零件时，马斯克的回答直指本质："如果给你同样的预算，你只能造出和NASA一样的火箭。但我要的是成本只有十分之一的产品。"在马斯克看来，当资源充足时，SpaceX就会失去创新动力，去做与别人相似的产品；只有当资源受限时，它才会被迫寻找突破性的解决方案。这种对限制条件的刻意设置，促使工程师们重新思考火箭制造的每一个环节。最终，可回收火箭技术不仅实现了成本目标，更彻底改写了航天工业的游戏规则。

当团队成员抱怨资源不足时，或许这正是一个引导他们突破思维边界的好时机。你的领导力不只体现在为团队扫清所有障碍上，更在于能帮助其发现障碍背后的机遇，帮助其挖掘自己未曾察觉的潜能。

当然，掌握限制条件的使用艺术需要定力与判断力。当团队成员抱怨"只要再多点预算就能成功"时，领导者要能区分真实的资源缺口与惯性的资源依赖。一个可靠的判断标准是：只有当团队已经尝试过所有可能的资源替代方案后，增加投入的请求才值得考虑。

限制条件不等于盲目削减。高明的约束需要遵循三个原则：一是目标导向，所有限制必须服务于更高阶的创新目的；二是动态调整，当团队真正突破现有边界时，要及时重新设定挑战；三是文化配套，要建立"在约束中创新"的价值认同。就像丰田生产体系将"减少浪费"上升为哲学，而不是简单的成本控制手段。

归根结底，限制条件作为领导力工具的绝妙之处在于：它既是一种约束，又是一种解放——将团队从资源依赖中解放出来，唤醒内在的创造潜能。

当领导者学会合理设置并坚持限制条件时，收获的不仅是眼前的解决方案，更是一个具备持续创新能力的组织。

愿景和关键要务：驱动组织持续成长的双引擎

想象一下这样的场景：一群人在迷雾中前行，有人埋头赶路却不断绕回原点，有人四处张望却始终迈不开脚步，还有人干脆坐在地上等待迷雾散去。这就是没有愿景和关键要务的组织的真实写照——看似忙碌却缺乏方向，拥有能量却无法聚焦。

哈佛商学院教授罗伯特·史蒂文·卡普兰在《哈佛商学院最受欢迎的领导课》中揭示了一个深刻洞见：真正卓越的领导者，无论是经营企业还是管理家庭，都需要聚焦七种类型的问题。它们不是简单的任务清单上的选项，而是一个完整的领导力操作系统。当我们将其与具体的领导力技巧相结合时，就实现了战略与战术的完美统一。在这里，我想重点探讨其中最具战略意义的第一种类型——愿景和关键要务，这也是一个非常重要的领导力工具。

想象一下，你走进一家公司，随机询问十名员工："我们为什么存在？我们要去哪里？"如果得到的答案五花八门，那么这家公司很可能正处在迷茫之中。反之，如果每个人的回答都指向同一个方向，这就是愿景的力量。愿景不是墙上的标语，而是流淌在组织血液中的基因密码。

为什么愿景如此重要？我们常常陷入一个认知误区，认为员工最在乎的是薪酬。确实，薪酬很重要，但它就像氧气一样，必不可少却不足以成为生命的全部意义。当企业试图用更高的奖金来激发员工的热情时，最初可能会立竿见影，但不出三个月，这种激励方式的效果就会大打折扣。因为人的内心永远在追寻比金钱更崇高的东西。

我在经营"帆书"的过程中就有过这样的顿悟。起初，我们设计了一套相当完善的推广奖励机制，会员推荐新用户可以获得物质奖励。但出乎意料的是，很多推广大使反而因此产生了心理负担，他们私下告诉我："樊老师，我推荐朋友加入是为了让他们获得成长，不是为了赚取这些礼物。"这个发现让我们彻底调整了策略，我们对他们说，我们在帮助大家成长，我们在改变中国。结果，推广大使们因为认同这个崇高的目标，迸发出了更持久的热情。这就是愿景的魔力——它能唤醒人们内心深处的价值追求。

愿景的力量不仅体现在激励层面，它还能帮助领导者做出取舍。在商业世界，诱惑与机会同样多。没有清晰的愿景，企业就会像无舵之舟，随波逐流。我见过太多企业家在机遇面前犹豫不决，不是因为他们缺乏判断力，而是缺少一个坚定的价值锚点。当苹果公司确立"Think different"的口号时，它自然知道该拒绝什么、拥抱什么。这种决断力，正源于对愿景的坚守。

那么，如何为组织塑造一个真正打动人心的愿景呢？经过多年实践，我总结出了一个简单却极为有效的四步法。这个方法的神奇之处在于，它不需要复杂的理论框架，只需要领导者带着团队静下心来回答四个直指人心的问题。

第一个问题：你为什么在这家公司工作？

这个世界有无数可能，为什么偏偏是这家公司？请注意，这不是在问"你为什么需要这份工作"，而是探讨在众多可能性中，是什么独特的吸引力让你选择了这里？为什么你没有选择其他收入更多的公司？

第二个问题：你如何告诉孙辈你在这家公司工作了三十年的原因？

这个问题迫使人们超越日常琐事，思考工作的终极意义——让你在一家公司坚持三十年的根本原因。

第三个问题：你希望这家公司十年以后是什么样的？取得怎样的成就？

你希望公司在十年后会有怎样的发展？越具体越好。

第四个问题：这家公司的特色在哪里？如果这家公司不存在了，这个世界有什么损失？

这个问题堪称检验企业价值的试金石。比如如果苹果公司不存在，可能就不会出现智能手机，我们可能还生活在塞班系统的世界，这就是苹果公司存在的意义。

团队共同回答完这四个问题后，接下来的工作就是将这些闪光的思想结晶转化为正式的愿景宣言。这里要特别提醒的是，优秀的愿景绝不是一句漂亮的口号，它应该能够清晰定义企业对客户、员工、社会等所有利益相关方的价值承诺。我建议每个领导者都去看看那些百年企业的愿景宣言，比如迪士尼的"让人们快乐"、索尼早期的"改变日本产品在世界上的劣质形象"，这些简洁有力的表述，蕴含着改变世界的雄心。

但仅有愿景远远不够，就像再美好的蓝图也需要具体的执行计划。这就是关键要务的价值所在。什么是关键要务？它不是重要的事，而是不做就会影响愿景实现的事。

很多领导者常犯的错误就是把重要事项清单列得冗长无比,结果反而陷入处处"救火"的困境。如果你的关键要务超过五项,说明你还没有真正聚焦。真正的高手都懂得做减法,他们会问自己一个残酷的问题:"如果这个月只能完成三件事,应该选择哪三件?"

确立关键要务后,必须为其配置相应的时间与资源保障。这要求领导者不仅投入足够的时间精力来推进这些要务,而且将它们具象化为可执行的具体方案。一个行之有效的做法是将关键要务写在便携卡片上以便随身携带,通过日常的视觉接触强化记忆。更重要的是,领导者需要抓住每个合适的时机,以不同的方式反复传达这些关键要务。

这种传达要达到怎样的程度才算到位?《哈佛商学院最受欢迎的领导课》中提出了一个生动而深刻的衡量标准:当员工开始期待你强调这些要务,甚至私下模仿你讲述的方式时,说明真正达到了预期效果。比如当员工看到领导者出现时，会条件反射地说"老板来了，快说说那三件关键要务"，这种看似玩笑的反应恰恰表明关键要务已经深入人心。

壳牌石油的年度大会给我上了重要一课。与大多数企业将年终会议聚焦于业绩总结和战略规划不同，壳牌石油的高管团队用大量时间讨论安全问题。在会议现场，CEO向全体员工提出关于具体情境的问题："如果你在深夜抵达陌生城市的车站，遇到非正规运营车辆时该如何选择？""乘坐出租车时，如果司机说坐在后排不需要系安全带，你会怎么做？"这些看似与经营业绩无关的讨论，恰恰体现了壳牌石油将安全作为关键要务的坚定承诺。

需要特别强调的是，关键要务的设定必须建立在对组织现状的深刻认知基础上。就像壳牌石油选择将安全置于首位，是源于其行业特性与历史教训。每个组织都应当基于自身发展阶段和核心价值，确定最具战略意义的关键要务。这个过程需要领导团队深入研讨，必要时可以借助专业的战略分析工具。

最后分享一个真实案例。某家创业公司长期陷入"什么都想做"的困境，产品线杂乱无章。在明确了"让中小企业用好大数据"的愿景后，公司确立了"三个月上线标准化产品"的关键要务。其间领导团队拒绝了多个定制项目的机会，全力攻关。结果不仅按时交付了产品，团队状态也焕然一新——因为每个人都知道为什么而战。

这就是愿景和关键要务的力量：它们把抽象的战略转化为具体的行动，把分散的能量汇聚成突破的利刃。团队中的每个成员每天醒来时，不仅知道"要做什么"，更清楚"为什么做"，这种共鸣激发的动能，远比任何管理制度都更持久有力。

所以，不妨今天就拿起纸笔，开始回答前文的四个问题。伟大的组织不是管理出来的，而是被共同的愿景引领出来的。在这个过程中，关键要务就是将愿景转化为现实的杠杆支点。找到它，把握它，奇迹就会发生。

倾听与反馈：
从"我说你听"到"你讲我问"

关于提升领导力，有一个工具常常被忽视，却是最基础也最具转化力的，那就是倾听与反馈。这不是什么高深的理论，而是每个领导者每天都在做却很少做好的基本功。想想看，我们每天要开多少会议，进行多少谈话，发出多少指令？但真正产生效果的沟通有多少？

问题的关键往往在于：我们太急于说，而忘记了听。在现实生活中，有太多这样的场景：会议室里，老板滔滔不绝地讲述着宏伟计划，却对员工们困惑的眼神视而不见；一对一面谈时，经理不断打断下属的汇报，急着给出自己的解决方案；甚至在茶水间的闲聊中，人们都在忙着输出自己的观点，而不是真正去理解对方在说什么。

我们生活在一个过度表达的时代，每个人都急于表达自己的观点，急于证明自己的正确，急于让别人理解自己的想法。这种倾向在领导者身上表现得尤为明显。在面对下属时，我们总是迫不及待地想要把任务说清楚，把要求讲明白，把目标定明确。但问题恰恰出在这里——你以为你说得很清楚，实际上往往说不清楚。

这不是表达能力的问题，而是沟通的本质决定的。任何信息的传递都会在编码和解码的过程中产生损耗，更何况人与人之间还存在认知差异、经验差异和立场差异。很多领导者常常陷入一个误区，认为只要自己说得多、说得详细，对方就一定能理解。但现实情况是，单方面的灌输式沟通，效果往往适得其反。

那么，什么才是更有效的沟通方式呢？答案很简单：自己说不清楚，不如让对方说清楚。领导者只有创造一个让下属充分表达的环境，让他们用自己的语言复述任务要求，并认真倾听他们对工作的理解时，才能真正知道他们接收到了什么信息。这种逆向沟通的方式，往往能产生意想不到的效果。

第 4 章 善用领导力工具，实现领导效能的跃迁

倾听之所以如此重要，首先在于它能建立信任。当员工感受到领导者愿意花时间倾听他们的想法时，他们就会产生被尊重的感觉。这种心理感受会直接转化为工作动力和组织认同感。星巴克前 CEO 霍华德·舒尔茨有一个习惯：每月都会走进门店，倾听伙伴们的反馈。这种"行走的倾听"让星巴克在快速发展期依然保持着强大的文化凝聚力。

此外，有效的倾听能够获取真实信息。在组织层级中，信息在向上传递时往往会经过层层过滤，领导者很难了解到一线的实际情况。但真诚的倾听，特别是在非正式场合的交流，可以打破这种信息壁垒。日本"经营之圣"稻盛和夫就特别强调"倾听现场的声音"，认为这是领导者做出正确决策的基础。

真正的倾听需要刻意练习，不是简单地闭上嘴，而是要做到三个"放下"：放下评判（不急于给观点贴标签）、放下自我（不总想着接下来要说什么）、放下身份（忘记自己是领导者）。稻盛和夫在

拯救日本航空（JAL）时，做的第一件事就是举办"倾听会"，规则很简单：不说教、不反驳，只是记录。正是这些原始的一线声音，帮他找到了重振企业的关键突破口。

当然，只倾听还不够，还需要配合有效的反馈。反馈是倾听的闭环，是一个让员工知道他们的声音确实被听到、被重视的关键环节。

反馈的艺术在于具体化。泛泛而谈的表扬或批评都难以产生实质性效果。有效的反馈应该针对具体行为、具体事件，让员工清楚地知道哪些做法值得保持，哪些方面需要改进。比如，"你最近表现不错"这类反馈，远不如说"上周你对客户投诉的处理，既保住了客户又优化了流程，这种双赢思维很棒"来得有效。

更关键的是，反馈要及时。反馈与倾听之间不应该有太长的延迟，最好能在24小时内完成这个闭环。时效性越强，员工感受到的重视程度就越高。

反馈还应该是双向的。优秀的领导者不仅善于给予反馈，更会主动寻求反馈。桥水基金创始人瑞·达利欧在《原则》中指出，他们在开会时会通过集点器 app 对会议事项进行投票，让员工有机会表达自己的观点。他还要求员工对他的决策打分评价，并且评价内容全公司可见。这种看似有损权威的做法，反而造就了世界上最成功的对冲基金之一。因为当领导者示范接受反馈的开放态度时，团队会形成持续改进的飞轮。

值得注意的是，在使用倾听与反馈这个工具时，有一个常见误区需要警惕：把倾听等同于被动接受，把反馈等同于说好话。实际上，真正的倾听是主动理解的过程，而有效的反馈必须包含建设性的挑战。就像优秀的教练既会认真观察运动员的表现，也会毫不留情地指出需要改进的地方。

记住，领导力不是体现在我们说了多少上，而是体现在我们听到了多少上。当领导者真正重视倾听与反馈时，就能在组织中营造出开放、信任的文化氛围。这种文化比任何管理制度都更能激发员工的积极性和创造力。

所以,下次当我们想要发号施令时,不妨先停下来,把"我认为"换成"你怎么看",听一听员工们是怎么说的,并给他们真诚的回应。当团队中的每个声音都能被听见,每个想法都能得到回应时,真正的领导力就自然产生了。

授权:让员工从执行者成长为领导者

在领导力的工具箱里,授权是最容易被误解,也最容易被滥用的工具之一。很多人对授权存在严重误解,以为授权就是"把事情丢给别人去做",结果要么是下属手忙脚乱搞砸了,要么是领导者自己提心吊胆,最后还是忍不住插手。

授权是一门精妙的艺术,我曾在大卫·马凯特的《授权:如何激发全员领导力》这本书中读到过一个令人震撼的案例：美国海军圣塔菲号核潜艇的指挥官如何通过授权来管理这个原本混乱无序、士气低落的作战系统。想象一下，在深海，核反应堆的参数需要实时监控，任何失误都可能导致灾难性后果。在这样的环境下，指挥官不可能事必躬亲，必须建立一套科学的授权体系。这个案例让我明白：越是复杂的环境，越需要精密的授权。

授权远不止是任务分配那么简单。真正的授权是一个系统工程，需要领导者具备敏锐的洞察力、精准的判断力和足够的耐心。就像一位经验丰富的园丁，他不仅要知道什么时候该给植物浇水施肥，更要懂得什么时候该放手让植物自己生长。过度干预会扼杀生机，完全放任又可能导致失控。这种微妙的平衡，正是授权的精髓所在。

授权不能一蹴而就，而是需要循序渐进。很多领导者常犯的一个错误，就是在错误的时间对错误的人进行授权。孔子说"不教而杀谓之虐"，这句话用在管理上再贴切不过：你没教会员工就授权，结果他搞砸了又去责备他,这就是管理上的虐待。

让我们来看一个完整的授权发展路径。当一位刚毕业的大学生加入公司时,他通常处于"能力低但意愿高"的状态,这时候他最需要接受的是指令型领导。就像酒店前台服务员培训,必须经历"学、看、做"的标准流程一样:先学习操作手册,再观察熟练员工的操作,最后在监督下实践。这个阶段的关键是建立标准化的作业流程。麦当劳和肯德基之所以能保持全球统一的品质,就是因为每个岗位都有详细的"操作清单"。

但指令型领导不能永远持续。随着员工能力提升,他们的工作意愿往往会下降——天天被人指挥着干活,谁都会觉得没意思。这时就需要转入教练型领导阶段。这个阶段的关键转变是从"我告诉你怎么做"变成"你觉得应该怎么做"。作为领导者,你仍然掌握决策权,但会先倾听员工的意见。这种互动能快速提升员工的能力,就像篮球教练不会永远手把手地教运球,而是通过提问引导球员思考战术。

当员工能力达到较高水平，但承担责任的意愿还不强烈时，就该进入支持型领导阶段。这时支持型领导者会问"这个项目你打算怎么做"，然后说"就按你说的办"。这种信任会让员工的责任感迅速提升。我见证过很多职场新人的蜕变：当他们第一次独立负责项目并取得成功时，眼中的那种自信光芒是多少奖金都激发不了的。

最终，当员工进入"能力高、意愿高"的状态时，才是真正授权的时机。这时你只需要明确目标和边界，具体如何实现则完全交由员工决定。在这个阶段，过多的干预反而会束缚创造力，领导者要做的就是定期了解进展，提供必要资源。

但这里有个关键：授权不等于放任。好比银行处理大额转账，必须设置多重审核机制；航空公司操作舱门，必须执行"复诵确认"流程。这些"红线"机制不是不信任，而是对授权进行必要的保护。《清单革命：如何持续、正确、安全地把事情做好》这本书详细记录了航空业如何通过标准化清单，在高度授权的同时确保安全。

有趣的是，航空业还有一个不成文的规矩：对飞行员实行"无责报告"制度。这意味着飞行员主动报告操作失误不会受罚。这听起来似乎违反常理——如此重要的岗位，出了事故居然不追究责任？但正是这个制度，让乘飞机出行成为世界上最安全的交通方式之一。原因很简单：如果飞行员知道任何失误都会受到严厉惩罚，他们就会倾向于隐瞒小问题。而航空事故往往是一系列小问题累积的结果。只有建立不追责的文化，才能确保每个小问题都能被及时发现和解决，从而避免大事故的发生。授权与控制的平衡在这里展现得淋漓尽致。

这种思路对领导者的授权管理具有很大的启发意义。很多领导者不敢授权，就是因为害怕下属犯错。事实上，错误是成长的必要代价，关键在于建立像航空业那样的"安全系统"：清晰的流程、完善的检查机制、宽容但不纵容的文化。麦当劳的厕所为什么总是那么干净？不是因为清洁工特别负责，而是因为有严格的清洁清单和检查制度。每个清洁步骤都必须按清单执行，每个完成的项目都要打钩确认。这种系统化的管理，让授权变得安全可控。

当我们深入思考授权的本质时，会发现它实际上是对领导力的最高考验。一个只会发号施令的领导者，充其量是个高级执行者；而一个善于授权的领导者，才是真正的领袖。因为他不是在培养听话的下属，而是在培养未来的领导者。同时，授权还要求领导者拥有高阶的领导能力。它要求领导者既能判断人，又能设计系统，最终让团队形成自运转的生态，离开他照样能打胜仗。

那么，如何建立健康的授权机制呢？首先，授权必须与明确的责任界定相结合。在授权时，要清楚地告知下属哪些事项他们可以自主决定，哪些需要请示汇报。这种边界意识非常重要，既能给员工发挥的空间，又能避免失控。就像在足球比赛中，球员可以在规则范围内自由发挥，但必须遵守基本的比赛规则。

其次，要建立清晰的流程和标准。我参观过一家制造企业的车间，墙上贴满了彩色流程图，那里的新员工工作三个月后就能达到老师傅80%的效率。

再次，要建立科学的反馈机制。授权后不能放任不管，而是要通过定期沟通和复盘，帮助员工持续改进。这种反馈应该是建设性的，重点不是追究责任，而是总结经验教训。就像飞机上的黑匣子，它的主要价值不在于追责，而在于让飞行更安全。

最后，要容忍合理的错误，这也许是最重要的一点。创新和成长必然伴随着试错。如果下属因为害怕犯错而不敢做决定，授权就失去了意义。谷歌在这方面做得很好，其鼓励员工尝试新想法，只要能从失败中吸取教训，即使失败也不会受到惩罚。这种文化让谷歌始终保持创新的活力。

授权不是管理的终点，而是新起点。当领导者成功培养起授权文化时，他会发现一个奇妙的变化：团队不再那么依赖他了，但组织的运行却更加高效了。这看似矛盾的现象，恰恰揭示了领导力的真谛：最成功的领导，是让团队不再需要领导者的领导。

我才是自己人生的第一责任人。
真正的成长永远始于自己的觉醒和行动。

CHAPTER 5
第 5 章

开启主角模式,
走上共同成长之路

人生如戏，但太多人活成了配角。我们常常不自觉地期待别人来改写我们的剧本——等待一个完美的伴侣来填补我们内心的空缺，盼望一个英明的领导者来改变我们的职业轨迹，幻想一个贵人从天而降解决所有难题。这种期待被拯救的思维模式看似充满希望，实则暗藏危机，它让我们逐渐丧失了改变现状的勇气和能力。

本章我们将一起审视这种普遍存在却鲜少被察觉的心理陷阱。你会发现，那些在职场中郁郁不得志的人，那些在感情中屡屡受挫的人，往往都困在同一个思维牢笼里——把自己人生的主导权拱手让人。更危险的是，它会形成自我暗示的循环：越是期待外部拯救，就越忽视自身成长；能力越停滞，就越依赖外部力量，最终陷入彻底的无力感。

但转变的契机就在眼前。通过"主角模式"的思维重构，我们有机会改写自己的人生剧本。这不是要否定他人帮助的价值，而是要重新确立"我才是自己人生的第一责任人"的基本立场。就像经典小说中那些打动我们的角色一样，真正的成长永远始于人物自己的觉醒和行动。

在组织中，主角模式的培养尤为重要。优秀的领导者不是要成为员工的救世主，而是要帮助他们建立自我驱动、自我负责的主角模式。就像优秀的导演一样，要帮助每个演员找到自己的光环。当团队中的每个人都以主角姿态投入工作时，组织会迸发出惊人的创造力和执行力。

成长永远是生命最动人的主题。经典电影中那些让我们铭记的角色，真正打动我们的不是他们的

主角模式

完美无缺，而是他们的成长。读完这一章，希望你能像审视一部电影那样审视自己的人生：主角是否在成长？故事是否在向前发展？因为说到底，我们都希望自己的人生是一部值得回味的好电影，而好电影的核心永远是成长。

期待被拯救，是温柔的人生陷阱

在生活中，我们常常会陷入一种危险的思维模式——期待被拯救。这种思维模式就像一颗定时炸弹，随时都可能摧毁我们的人际关系、事业前景和自我价值。

我们可能总是期待遇到一个"对的人"来满足自己的情感需求，或者在职场中渴望遇到一个"好老板"来改变自己的命运。然而，当我们期待别人来拯救自己，把希望寄托在别人身上时，我们不再思考"我能做什么"，而是整天想着"谁能来帮我"。这种心态不仅让对方感到压力重重，而且让自己陷入被动等待的困境。

在爱情里,"期待被拯救"的思维模式非常危险。很多人在开始一段感情时,内心会暗藏这样的幻想:这个人会让我变得完整;他会治愈我所有的伤痛;有了他,我的生活就会好起来。这种期待本质上是一种理想化的投射——我们把内心渴望但自身缺乏的品质,全部寄托在另一个人身上。

热恋期的激素反应会暂时掩盖这种期待的不合理性,但当激情退去,现实浮现时,矛盾就开始爆发。我们期待对方无时无刻的理解和包容,希望他能够填补我们内心的空虚,治愈我们过往的创伤。但问题是,没有人能够长期承担这样的期待。三个月后,当对方表现出疲惫和不耐烦时,我们会感到加倍的失望:"我以为你是对的人,结果你根本不懂我。""他变了。"实际上,可能谁都没有变,只是不切实际的期待碰到了人性的边界——没有人愿意,也没有人有能力长期扮演拯救者的角色。

这种期待被拯救的思维模式之所以危险,是因为它违背了人际关系的基本规律：健康的关系是两个完整个体的相遇，而不是两个"半个人"拼凑成一个整体。当我们把自己放在"被拯救者"的位置上时，我们实际上是在要求对方承担我们本应自己承担的成长责任。更讽刺的是，在爱情中，我们常常一边期待被伴侣拯救，一边又抗拒被伴侣改变，这种矛盾注定了关系的失败。人们都希望改变别人，却不愿意被别人改变；都期待获得拯救，却不愿意承担拯救他人的责任。这种双向的期待落差，正是许多爱情走向终结的深层原因。

"期待被拯救"的思维模式不仅会毒害爱情，而且会毁掉一个人的事业前景。我经常遇到一些创业者，他们带着精心准备的商业计划书，不是去打磨产品、开拓市场，而是四处寻找"贵人"。"能不能介绍我认识雷军？""能不能帮我约董宇辉？"这种请求背后隐藏的逻辑是：只要遇到对的人，我的事业就会腾飞。但问题是——这些成功人士凭什么要帮你？他们每天要处理无数事情，自己的事业都忙不过来，怎么可能突然对一个陌生人伸出援手？雷军不会无缘无故地为一个陌生创业者的梦想买单，董宇辉也不会轻易为不熟悉的产品背书。这不是冷漠，而是商业世界的现实逻辑：每个人都在为自己的愿景全力以赴，没有人有义务为别人的梦想负责。

"期待被拯救"的思维模式还会严重扭曲我们对"好老板"的认知。我们经常听到有人说："只要遇到一个好老板，我的职业生涯就会一帆风顺。"这种想法不仅错误，而且危险。什么是好老板？很多人心目中的好老板是那种无条件支持自己、包容自己、给自己机会的人。但现实中的好老板恰恰相反，他们最显著的特点是明智——知道什么人该留，什么人该走。一个真正明智的老板，绝对不会长期留用一个不能创造价值的人。

那些认为遇到好老板就能成功的人，犯了一个根本性错误：他们把因果关系颠倒了。不是好老板创造了优秀的员工，而是优秀的员工引起了好老板的重视。蔡崇信之所以能成为马云最重要的合伙人，不是因为他运气好遇到了马云，而是因为他本身就有价值。

"期待被拯救"的思维模式之所以有害，是因为它让我们把注意力放在了错误的地方。当我们期待外部力量改变命运时，就会停止对自身成长的投入，很多人因此陷入被动等待的状态：等待老板发现自己的才华，等待领导给予机会，等待公司提供培训。而现实往往是，那些真正获得重用的员工，从来不是被动等待的人，而是主动创造价值、解决问题的人。他们不是幸运地得到了老板的"拯救"，而是用实力赢得了尊重。

更可怕的是，"期待被拯救"的思维模式会形成恶性循环。当我们习惯等待别人来改变现状时，我们的能力会逐渐退化；能力越退化，就越需要依赖他人；越依赖他人，就越难掌握自己的命运。这个向下的螺旋最终会导致彻底的无力感——我们不仅无法改变外部环境，甚至失去了改变自己的能力。

期待被拯救是一个温柔的人生陷阱,它让我们暂时感到有希望,但实际上,它正在剥夺我们的力量。

人生的答案,不在别人手里,而在我们自己手中。

从这个角度来说,领导者的一个重要责任就是引导员工丢掉期待被拯救的思维模式,因为当一个人不再等待别人来拯救,而是开始为自己负责时,他才能真正成长,才能真正掌控自己的人生。

领导者和员工都需要开启主角模式

真正的领导力不是成为员工的救世主,而是帮助他们打破期待被拯救这一思维模式,开启主角模式,让他们成为自己人生的主角。

我们常常在电影里看到主角光环——无论经历多少艰难险阻,主角总能化险为夷。这种叙事模式不仅仅存在于虚构的故事中，事实上，我们也可以成为自己人生的主角。无论是领导者还是普通员工，只有开启主角模式，才能真正掌握自己的命运，创造有价值的人生。

很多人对"主角"存在误解，认为成为主角意味着要功成名就、光辉闪耀。其实，成为主角不是成功者的特权，而是每个人都可以选择的态度。主角可以暂时失败，可以没有钱，可以遇到挫折，但永远不会放弃对自己人生的主导权。就像虽然创业可能会失败，但创业者依然是自己故事的主角；虽然员工可能暂时位居人下，但其依然可以主导自己的职业发展路径。是否为主角，不在于职位高低，而在于是否主动把握自己的人生方向。

主角模式的核心在于，要认识到我们自己才是我们的人生剧本的第一作者。这不是说我们要孤军奋战，拒绝所有帮助，而是要明白别人可以成为我们故事里的重要配角，但永远不能替代我们成为主角。就像电影里的主角虽然也会得到他人的帮助，但最终解决问题的关键行动一定出于主角自己一样（见图 5-1）。

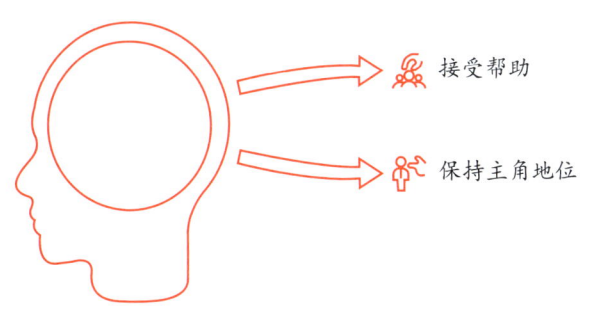

图 5-1　主角模式

很多员工陷入"期待被拯救"的困境，本质上是一种角色错位。他们把自己的人生剧本交给别人来书写，期待领导者成为拯救自己的英雄。这种心态让员工自动放弃了改变现状的主动权。实际上，即便是最优秀的领导者，也无法承担起拯救员工人生的重任。好的领导者确实会培养和帮助员工，但他们帮助的永远是那些已经在自我拯救的人。

领导者作为组织的主导者，在帮助员工建立主角模式方面肩负着首要责任。建立主角模式不是凭

主角模式

借简单的口号或激励就能实现的,而是需要一系列系统性的思维重构和行为改变。想象一下,如果一个团队里每个人都像电影主角那样对自己的角色负责,对故事发展充满主动性,这个团队会迸发出怎样的能量?但现实往往是,员工们把自己定位为执行者,被动等待指令;领导者则疲于应付各种"求救信号",陷入救火队长的角色。这种互动模式既消耗了领导者的精力,也扼杀了员工的潜能。

领导者需要通过日常互动,不断向员工传递一个核心信息:你才是自己职业生涯的第一责任人。这种理念的传递不能停留在说教层面,而是要融入管理实践的每个细节。比如在分配任务时,与其直接给出详细指令,不如多问开放式问题:"你觉得这个问题可以怎么解决?""如果是你来负责这个项目,你会采取哪些步骤?"这种提问方式看似简单,实则是在潜移默化中引导员工转换思考角度——从等待指示的执行者转变为主动思考的决策者。当员工提出方案时,即使方案不够成熟,也要先肯定其主动性，再引导完善，而非直接否定或替代决策。这种互动模式积累到一定程度，员工的主动性就会实现从量变到质变的飞跃。

领导者还要为员工明确划分责任归属。很多领导者抱怨员工缺乏主动性，却没有意识到，这种现象往往是领导者自己造成的。如果员工每次遇到困难都能得到领导的即时救援，如果员工的每个创新尝试都可能招致严厉批评，那么员工自然会选择最安全的策略——等待指令，规避风险。要打破这种恶性循环，领导者需要学会适度放手，允许员工在可控范围内犯错，把解决问题的主动权交还给员工本人。这不是推卸管理责任，而是培养员工担当的必要过程。

在主角模式下，领导者的角色更像是教练。就像足球教练不会上场替球员踢球一样，明智的领导者也明白，真正的成长必须由员工自己完成。教练的作用是制订训练计划、指出改进方向、在关键时刻提供指导，而不是代替球员完成每一个动作。这种角色定位既避免了领导者的过度干预，也为员工

主角模式

留出了必要的成长空间。

对员工而言，开启主角模式意味着思维方式的根本转变。就像从观众席走到舞台中央，从被动欣赏变为主动演绎。主角模式不是盲目自大，而是清醒地认识到：虽然不能控制所有外部条件，但可以决定如何应对；虽然不能保证每个选择都正确，但可以为自己的选择负责；虽然需要团队协作，但不依赖他人为自己的成功买单。

值得注意的是，一个常见的误区是将主角模式等同于个人主义。实际上，真正的主角模式恰恰最懂得团队协作的价值。电影中的英雄需要盟友支持，职场中的主角同样需要同事配合。主角是主动构建协作网络，而不是被动等待安排；是清晰表达自己的需求，而不是抱怨别人不理解自己；是为团队整体目标贡献专长，而不是只关注自己的一亩三分地；是在做好自己的同时，与他人相互成就。

在帮助员工建立主角模式的过程中，领导者自己也必须进入主角模式。有些领导者习惯于扮演救世主的角色，觉得团队离不开自己，所有问题都要亲自解决。这实际上也是一种角色错位。真正的主角型领导者不是替员工解决问题的人，而是帮助员工培养解决问题的能力的人。主角型领导者的成就感不是来自被依赖，而是来自看到团队成员成长为各自人生的主角。

从期待被拯救到开启主角模式，这种转变不会一夜发生，而是一个渐进的过程。它需要领导者持续地示范、鼓励和创造机会。当员工第一次尝试主动解决问题时，要及时给予肯定；当员工遇到挫折时，要帮助他们从中学习而非否定尝试的价值；当员工展现出成长的可能性时，要为其提供更大的舞台。这种正向循环最终会形成一种文化，让主角模式成为组织的常态。

这样做的回报是巨大的——当每个人都以主角姿态投入工作时，组织会获得前所未有的活力和创造力；当每个人都为自己的成长负责时，团队会形成强大的自我驱动力量。这或许就是领导的最高境

主角模式

界：不是用规则约束行为，而是用文化激发自觉；不是用权威指挥行动，而是用愿景引领方向。

在这个意义上，主角模式不仅是一种管理方法，更是一种人生态度。它提醒我们：无论处于什么位置，都可以选择做自己人生的主角；无论面对什么挑战，都有能力书写属于自己的精彩篇章。当领导者和员工都以这种态度相遇时，工作就不再是简单的雇佣关系，而成为共同成长的精彩旅程。

好电影的核心是成长，你的人生也是

看电影时，最打动我们的往往不是那些华丽的特效或惊险的情节，而是主角从开始到结束的成长变化。想想《阿甘正传》里那个智商不高的男孩如何跑出精彩人生，《当幸福来敲门》中那个落魄的父亲如何逆袭成为金融精英，这些故事之所以经典，正是因为它们展现了主角们真实动人的成长轨迹。其实，我们每个人的人生何尝不是一部正在上演的电影？而评判这部"人生电影"是好是坏的标准，同样在于作为主角的我们是否在不断成长。

很多人的人生之所以陷入困境，就是因为他们一直在重复相同的"剧本"。就像一部糟糕的电影，主角从开头到结尾毫无成长，遇到问题永远用同一种方式应对，最终陷入无限循环的困境。

我之前的一位同事总是抱怨"今天又被骂了"，可仔细一问才发现，所谓的"被骂"不过是其他同事提出了不同意见。这是典型的固定剧本——她把自己定位成永远被欺负的小女孩，于是把所有的不同意见都解读为"被骂"，不由自主地启动自己的心理防御机制。这种模式一旦形成，就会不断自我暗示：越是觉得自己被欺负，就越敏感多疑；越是敏感多疑，就越容易把普通交流解读为攻击。

类似的固定剧本在生活中比比皆是。

有的人总是在重复"我被背叛了"的剧本，觉得自己对别人掏心掏肺，却总是被辜负，换不来真心。但仔细观察后会发现，表面上看是他们遇人不淑，实际上是他们自己创造了这个剧本——过度付出然后道德绑架，或者疑神疑鬼逼得对方不得不疏远。就像总怀疑伴侣出轨的人，会不断查手机、质问行踪，最后真的把感情逼上绝境。

还有人沉浸在"终于被我逮住了"的剧本里：夫妻间互相猜疑，同事间互相提防，稍有风吹草动就认定对方有问题，还会不自觉地寻找对方"犯错"的证据。哪怕只是正常的工作失误，也会被解读为"看吧，我早就知道他不靠谱"。这种思维模式会形成恶性循环——越怀疑，越能找到"证据"，而找到的"证据"又强化了怀疑。

还有人拿的是"世界对我不公"的剧本，总觉得别人都在针对自己，领导偏心、同事排挤、制度不合理。他们收集各种"不公平"的案例，却看不到自己的责任。有趣的是，当领导真的给予特殊关照时，他们又会觉得"看吧，要不是我抗争，怎么可能得到公平对待"。

这些固定剧本就像心理上的莫比乌斯环，让人在同一个问题上不断打转，永远走不出来。

为什么很多人会陷入这种固定剧本？很大程度上，他们童年的经历塑造了其最初的"人生剧本"。那个总觉得自己"被骂"的同事，可能小时候经常被批评；那些总觉得自己"被背叛"的人，或许早年被信任的人严重伤害过。为了保护自己，人们发展出特定的应对方式，这些方式在当时是有效的，但长大后却成了限制成长的牢笼。这种保护机制已经不再适应当下的环境，却因为习惯而难以改变。

要打破这种恶性循环，首先要意识到自己正在出演什么样的剧本。我们需要跳出自身，客观观察自己的生活模式。当你发现自己在说"今天又被骂了"或"我被背叛了"时，不妨停下来问问自己：这是事实还是我的解读？有没有其他可能性？这种觉察本身就是成长的开始。

成为自己人生的主角，意味着主动改写剧本。有位高管曾向我抱怨公司里的各种问题：官僚主

主角模式

义、流程烦琐、同事难相处……我只回了一句："你是主角，解决这些问题就是你成长的机会。"这句话点醒了他。在他不再抱怨，而是着手改善自己能够改变的事情以后，那些问题神奇地消失了。这不是因为环境变了，而是他的应对方式变了。这就是主角模式的力量：它把受害者思维转变为创造者思维。

在领导者管理团队的过程中，主角模式尤为重要。任何团队都会经历组建期、风暴期、磨合期、执行期和解散期五个阶段。很多团队之所以失败，就是因为无法顺利度过风暴期——那个充满冲突、争吵和不满的阶段。没有经验的领导者会把风暴期的正常摩擦归咎于人品问题或能力不足，急于干预调停，结果往往适得其反。就像家长过度保护孩子反而阻碍其独立一样，领导者过度干预团队冲突，只会延长风暴期，甚至使矛盾升级。

真正有智慧的领导者明白，风暴期是团队成长的必经之路。就像好电影里的主角必须经历磨难才能蜕变一样，团队也需要通过冲突来磨合。这时候，领导者最需要做的不是"一碗水端平"，而是创造安全的环境让成员自己解决问题。让他们沟通、争吵、碰撞，最终找到相处之道。这个过程或许很痛苦，但正如金属需要淬火才能更加坚固，团队也需要经过风暴才能真正凝聚。

个人成长与团队发展遵循同样的逻辑。那些让我们痛苦挣扎的经历，往往蕴含着最大的成长契机。蜕变不是凭空发生的，而是通过一系列挫折和反思才实现的。我们的人生也是如此——每一次危机都是转机，每一次跌倒都是站得更稳的契机。

人格成熟的标志，就是能够接纳这些成长必经的痛苦。很多人一遇到困难就崩溃，正是因为他们的自我认知过于脆弱——要么完美无缺，要么一无是处。而真正成熟的人明白，成长本就是不断试错的过程。就像小孩学走路难免摔跤，我们在人生路上也会经历各种失败。关键不在于不跌倒，而在于每次都能从中吸取教训，站起来后走得更稳。

这一点对领导者尤为重要。很多领导者者害怕下属犯错，事事亲力亲为，结果不仅自己累得半死，团队也得不到锻炼。智慧的领导者懂得，培养人才就像导演指导演员——要给对方足够的发挥空间，允许试错，才能激发出最佳表现。当团队成员意识到自己是主角时，他们的主动性和创造力会远超想象。

成长从来不是直线上升的过程，我们的人生有进有退，重要的是保持整体向上的趋势。那些看似失败的经历——被拒绝的项目、破裂的合作、错失的机会——往往会在更长的时间线上显现出价值。它们或是磨炼了我们的能力，或是修正了我们的方向，或是单纯让我们更加坚韧。

在这个加速变化的时代，成长成为每个人的必修课。技术迭代、行业变革、知识更新……唯有保持学习和成长的状态，才能不被时代抛弃。那些固守旧有模式的人，就像不断重播的老电影，终将失去观众；而持续更新自我并且能带领更多人走上成长之路的人，才能演绎出精彩的人生故事。

说到底，评判人生的标准，不在于拥有多少财富或有多高的地位，而在于这一路上成长了多少。临终时，没有人会为少赚了一百万元而后悔，但很多人会为没有成为更好的自己而遗憾。就像一部好电影给观众留下深刻印象的不是炫目的画面，而是触动心灵的成长启示，我们的人生价值就在于这一路的蜕变与超越。

当我们真正接受"我是自己人生的主角"这个设定时，所有的经历，顺境或逆境，成功或失败，都有了新的意义。它们不再是被动承受的命运，而是主动选择的成长。总觉得自己"被骂"的同事可以学会区分批评与建议；总觉得自己"被背叛"的人可以调整付出与回报的平衡；怀疑一切的人可以重建信任的能力……每一次转变，都是剧本的重写，都是成长的印记。

所以，不妨经常问问自己：如果我的生活是一部电影，观众会看到主角的成长吗？这个简单的问题，或许能帮助我们跳出日复一日的琐碎，看到更大的生命图景。

樊登老师 "成长"书单

- 《自驱型成长：如何科学有效地培养孩子的自律》，[美]威廉·斯蒂克斯鲁德、[美]奈德·约翰逊，机械工业出版社，2020年。

- 《成长的觉醒》，樊登，深圳报业集团出版社，2024年。

- 《变好的方法：如何把自己变成你想成为、你能成为的人》，[澳]史蒂芬·克莱米克、[澳]玛拉·克莱米克，天地出版社，2023年。

- 《维特根斯坦十讲》，楼巍，上海文艺出版社，2023年。

- 《活出生命的意义》，[美]维克多·弗兰克尔，华夏出版社，2010年。

- 《为什么越无知的人越自信？从认知偏差到自我洞察》，[美]大卫·邓宁，中译出版社，2022年。

樊登老师"成长"书单

- 《为什么伟大不能被计划：对创意、创新和创造的自由探索》，[美]肯尼斯·斯坦利、[美]乔尔·雷曼，中译出版社，2023年。

- 《第三个千年思维：重新理解世界的思想、工具和方法》，[美]索尔·珀尔马特、[美]约翰·坎贝尔、[美]罗伯特·麦考恩，中信出版集团，2025年。

- 《从0到1：开启商业与未来的秘密》，[美]彼得·蒂尔、[美]布莱克·马斯特斯，中信出版社，2015年。

- 《增长黑客：如何低成本实现爆发式成长》，[美]肖恩·埃利斯、[美]摩根·布朗，中信出版集团，2018年。

- 《反脆弱：从不确定性中获益》，[美]纳西姆·尼古拉斯·塔勒布，中信出版社，2014年。

- 《规模：复杂世界的简单法则》，[英]杰弗里·韦斯特，中信出版集团，2018年。

- 《OKR工作法：谷歌、领英等顶级公司的高绩效秘籍》，[美]克里斯蒂娜·沃特克，中信出版集团，2017年。

- 《授权：如何激发全员领导力》，[美]大卫·马凯特，中信出版集团，2019年。

- 《可复制的领导力：樊登的9堂商业课》，樊登，中信出版集团，2018年。

- 《可复制的领导力2：樊登的7堂管理课》，樊登，中信出版集团，2022年。

- 《哈佛商学院最受欢迎的领导课》，[美]罗伯特·史蒂文·卡普兰，中信出版社，2013年。

- 《危机领导力：领导团队解决危机的十种方法》，[美]丹尼斯·N.T.珀金斯、[美]吉莉安·B.墨菲，中信出版社，2014年。

- 《漫威：失败的漫画出版商何以成为好莱坞超级英雄》，[美]查理·韦策尔、[美]斯蒂芬妮·韦策尔，电子工业出版社，2022年。

- 《光环效应：商业认知思维的九大陷阱》，[美]罗森维，中信出版集团，2020年。

- 《清单革命：如何持续、正确、安全地把事情做好》，[美]阿图·葛文德，浙江教育出版社，2022年。

- 《跨越鸿沟：颠覆性产品营销指南》，[美]杰弗里·摩尔，机械工业出版社，2022年。